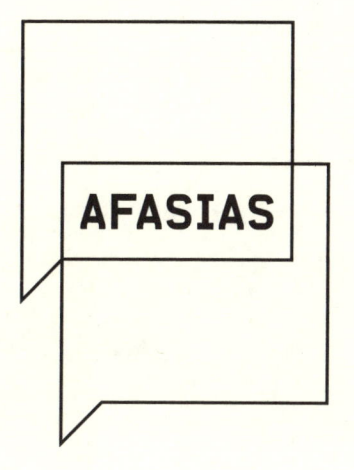

AFASIAS

FREUD & SEUS INTERLOCUTORES

Coordenação: Marco Antonio Coutinho Jorge

VOLUMES INICIAIS:

Afasias
Sigmund Freud | Luiz Alfredo Garcia-Roza

Gradiva
Sigmund Freud | Wilhelm Jensen
(*em preparação*)

Bate-se numa criança
Sigmund Freud | Anna Freud
(*em preparação*)

Sigmund Freud

Sobre a concepção das afasias

AFASIAS

Luiz Alfredo Garcia-Roza

As Afasias de 1891

Sigmund Freud
Zur Auffassung der Aphasien (Eine kritische Studie)
Tradução: Renata Dias Mundt
Revisão técnica: Marco Antonio Coutinho Jorge e Felipe Castelo Branco

Luiz Alfredo Garcia-Roza
Texto originalmente publicado no vol.1 de seu
Introdução à metapsicologia freudiana (Zahar, 1991).
Copyright de "As Afasias de 1891" © 1991, 2014, Luiz Alfredo Garcia-Roza

Copyright desta edição © 2014:
Jorge Zahar Editor Ltda.
rua Marquês de S. Vicente 99 – 1º | 22451-041 Rio de Janeiro, RJ
tel (21) 2529-4750 | fax (21) 2529-4787
editora@zahar.com.br | www.zahar.com.br

Grafia atualizada respeitando o novo
Acordo Ortográfico da Língua Portuguesa

Revisão: Eduardo Farias, Carolina Sampaio | Capa: Estúdio Insólito
Imagem da capa: © pbnj productions / Getty Images

CIP-Brasil. Catalogação na fonte
Sindicato Nacional dos Editores de Livros, RJ

F942a	Freud, Sigmund, 1856-1939 Afasias: Sobre a concepção das afasias; As Afasias de 1891 / Sigmund Freud, Luiz Alfredo Garcia-Roza; tradução Renata Dias Mundt. – 1.ed. – Rio de Janeiro: Zahar, 2014. (Freud & Seus Interlocutores) Tradução de: Zur Auffassung der Aphasien (Eine kritische Studie) ISBN 978-85-378-1278-5 1. Psicanálise. 2. Psicologia clínica. I. Garcia-Roza, Luiz Alfredo. II. Título. III. Série.

CDD: 618.8917
CDU: 159.964.2

14-14751

Sumário

ZUR AUFFASSUNG

DER

APHASIEN.

———

EINE KRITISCHE STUDIE

VON

DR. SIGM. FREUD

PRIVATDOCENT FÜR NEUROPATHOLOGIE AN DER UNIVERSITÄT WIEN.

MIT 10 HOLZSCHNITTEN IM TEXTE.

LEIPZIG UND WIEN.

FRANZ DEUTICKE.

1891.

Frontispício da edição original de *Sobre a concepção das afasias.*

Apresentação
Das afasias à histeria

MARCO ANTONIO COUTINHO JORGE

O livro de Sigmund Freud *Sobre a concepção das afasias: um estudo crítico*, que aqui publicamos, foi uma das primeiras obras a apreciar plenamente a profunda importância do problema da afasia, que se tornou o ponto de encontro de um conjunto de disciplinas científicas desde o final do século XIX. Depois dele, Bergson, Cassirer, Jakobson e Lacan trouxeram aportes fundamentais para agregar as dimensões teóricas da filosofia, da linguística e da psicologia ao seu estudo. Escrito em 1891, este é o primeiro livro do criador da psicanálise e faz parte de sua obra neurológica, comumente designada como pré-psicanalítica. Mais essencialmente, ele é considerado, no interior dessa obra, como uma verdadeira ponte entre a neurologia e a psicanálise, e não é exagero falar da "importância da obra de Freud sobre a afasia para o desenvolvimento da psicanálise".[1]

O livro consiste na crítica radical e ao mesmo tempo revolucionária da doutrina de Wernicke-Lichtheim sobre a afasia, que na época era aceita quase universalmente. Em 1891, Freud estava preparado para essa empreitada difícil, pois conhecia bem a doutrina do encéfalo de Meynert, com sua ampla interpretação das configurações anatômicas, que serviu de base às teses de Wernicke-Lichtheim. Além disso, estava igualmente familiarizado com a doutrina clínica da afasia, de Charcot, e a pesquisa experimental sobre o cérebro, de Munk. Mas, como ele mesmo afirma no ensaio, a maior influência para a contestação da teoria localizacionista dos distúrbios de linguagem veio das teses do neurologista inglês Hughlings Jackson. Se Wernicke avançou em seus trabalhos a noção de uma psicologia baseada na anatomia (doutrina anátomo-localizadora da afasia), concebendo uma teoria que supõe uma íntima relação entre representações psíquicas e células nervosas, Freud introduz a concepção de um aparelho de linguagem que repousa sobre um domínio cortical contínuo.

É surpreendente que já nesta primeira obra Freud produza uma grande abertura para as questões mais essenciais do que será construído posteriormente pelo arcabouço teórico psicanalítico. As noções de representação-palavra e aparelho de linguagem (este, uma antecipação da noção psicanalítica de aparelho psíquico, que introduzirá no capítulo VII da *Interpretação dos sonhos*), criadas e desenvolvidas por ele neste livro, são uma impressionante reflexão *avant la lettre* de temas que serão importantes objetos de investigação da psicanálise.

Após seu retorno de Paris em 1886, onde frequentou o serviço de Charcot na Salpétrière e pôde se deparar com a primazia da experiência clínica,[2] Freud oscilará entre muitos domínios de investigação: a neurologia e a anatomia cerebral com Meynert, a histeria com Charcot, a sugestão com Bernheim, o método catártico com Breuer, a neurastenia com Fliess. Campos de saber que ele esperava "poder conciliar, mas cuja heterogeneidade se cristalizaria – e viria a culminar – na oposição e em seguida no antagonismo entre a anatomia cerebral e a clínica da histeria".[3] O livro sobre as afasias fornecerá a Freud condições para desvendar o enigma colocado por Charcot em suas experimentações de hipnose com pacientes histéricas, constituindo ao mesmo tempo sua primeira tentativa de romper com o paradigma da neurologia.

No fundo, essa tentativa representa uma escolha estratégica, pois revela que Freud não está de fato interessado na anatomia do cérebro ou mesmo nas afasias, mas sim na compreensão do mecanismo da paralisia histérica, tão presente no texto. Assim, como indica Scherrer, ao lermos este livro, muitas aproximações podem ser feitas com a ótica dos escritos posteriores de Freud, em particular seus *Estudos sobre a histeria*: à assimbolia do afásico corresponde a formação sintomática histérica; à parafasia correspondem os lapsos, os atos falhos e os chistes; à agnosia (termo, aliás, cunhado por Freud nesta obra e doravante universalmente utilizado em medicina) correspondem a alucinação, o delírio e a fantasia.[4]

Cronologicamente, o ensaio sobre as afasias ocupa um lugar bastante significativo na produção teórica freudiana: ele sucede ao verbete sobre a histeria, redigido para a enciclopédia médica Villaret em 1888,[5] e ao ensaio sobre o tratamento psíquico, escrito em 1890, os quais revelam que Freud está se redirecionando para o estudo da psicogênese da histeria.

No verbete, já surpreende que Freud utilize o termo "inconsciente" pelo menos três vezes.[6] No ensaio de 1890, portanto apenas um ano antes de escrever *Sobre a concepção das afasias*, Freud coloca em primeiríssimo plano a função da palavra no tratamento psicoterápico. Evidentemente, esse ensaio precursor[7] pode ser lido em dupla com o das afasias: se este desconstrói, através de uma crítica (objetivo destacado no título) pormenorizada, a teoria localizacionista, aquele enfatiza a dimensão simbólica inerente às perturbações mentais, tanto físicas quanto psíquicas. Se o tratamento psíquico denota o tratamento realizado por medidas que atuam de imediato na mente, "de primeira importância entre tais medidas é o uso das palavras, [que] são o instrumento essencial do tratamento mental".[8]

Além disso, se em 1890 Freud já demonstra uma particular apreensão da relação íntima que existe entre os fenômenos transferenciais e o poder da palavra,[9] em 1891 ele formula a ideia da existência de um "aparelho de linguagem", toca na questão dos lapsos de linguagem e se aproxima assim, de modo surpreendentemente precoce, das teses que irá desenvolver mais tarde sobre a relação entre as formações do inconsciente (sintomas, sonhos, atos falhos, chistes) e a estrutura da linguagem, depois amplamente abordada por Lacan em seu ensino. Por isso Forrester tem razão em salientar que "a obra de Freud sobre a afasia é o *sine qua non* da origem da teoria psicanalítica, como podemos distingui-la agora de outras teorias contemporâneas da neurose: uma teoria do poder das palavras para a formação dos sintomas."[10]

Como uma verdadeira ponte entre a neurologia e a psicanálise erigida por Freud no caminho de sua descoberta, o livro das afasias é sucedido pelo artigo "Algumas considerações para um estudo comparativo das paralisias motoras orgânicas e histéricas", de 1893. Nele, mencionando que aprendera com Charcot que para explicar a neurose histérica deveríamos nos concentrar na psicologia, Freud aplicaria a mesma lógica ao estudo das paralisias histéricas e afirmaria que a histérica se comporta nas paralisias e nas outras manifestações como se a anatomia não existisse, formulação *princeps* que inaugura a concepção psicanalítica da histeria.

COMO INTERLOCUTOR de Freud no presente volume, temos o filósofo e escritor brasileiro Luiz Alfredo Garcia-Roza. Seu ensaio "As Afasias de 1891" acompanha o texto de Freud num comentário primoroso. Com erudição ímpar e clareza didática que são suas marcas registradas – dialogando sobretudo com a obra clássica de Jacques Nassif sobre o tema e referindo-se aos diversos autores que constituem o alvo das críticas de Freud –, Garcia-Roza explora as diferentes dimensões teóricas implicadas na elaboração freudiana, especialmente as noções de perturbação funcional, aparelho de linguagem, representação e associações entre representações. Sua leitura do esquema psicológico da representação-palavra apresentado por Freud o leva a assinalar que é a partir daí "que se abre o caminho para a concepção do inconsciente", fato muito relevante na medida em que situa as vias iniciais da descoberta do inconsciente numa relação estrita com a dimensão da linguagem.

Notas

1. J. Forrester, *A linguagem e as origens da psicanálise*. Rio de Janeiro, Imago, 1983, p.36-7.
2. Exaltada por Charcot, que não se cansava de repetir para seus alunos "teoria é bom, mas isso não impede de existir", significando que a clínica é soberana.
3. F. Scherrer, "S. Freud est-il l'auteur de l'article *Aphasie* (1888)? Remarques et réflexions à propos de la contribution de Freud au dictionnaire médical de Villaret, 1888-1891", in *Essaim*, n.9, "Questions de style". Ramonville Saint-Agne, Érès, 2002, p.163.
4. Ibid., p.165.
5. A. Villaret, *Handwörterbuch der gesamten Medizin*. Stuttgart, 2 vols., 1888 e 1890.

6. Ele afirma que as alterações psíquicas, fundamento do estado histérico, ocorrem inteiramente na esfera da "atividade cerebral inconsciente, automática"; que "o desenvolvimento dos distúrbios histéricos muitas vezes exige um período de incubação, ou melhor, de latência, durante o qual a causa desencadeante continua produzindo efeitos no inconsciente"; e ainda, no resumo que finaliza o texto, pondera que o excesso de estímulos na mente histérica "é distribuído por representações conscientes ou inconscientes". S. Freud, "Histeria", in *AE*, vol.1, p.54, 58, 63; *ESB*, vol.1, p.90, 94, 100. Em seu ensaio aqui publicado, Luiz Alfredo Garcia-Roza chama atenção para o fato de o termo "inconsciente" ser utilizado na forma substantiva (*das Unbewusste*), cf. p.140.

7. Acreditava-se que esse ensaio havia sido escrito em 1905 e por isso sempre figurara na *ESB* no volume 7. Em 1966, Saul Rosenzweig, da Universidade de Washington, corrigiu esse engano.

8. S. Freud, "Tratamento psíquico (ou mental)", in *AE*, vol.1, p.115; *ESB*., vol.7, p.297.

9. Desenvolvo esse tema no primeiro capítulo, "O poder da palavra", de meu próximo livro, *Fundamentos da psicanálise de Freud a Lacan, vol.3: O lugar do analista*. Rio de Janeiro, Zahar, em preparação.

10. J. Forrester, op.cit., p.37.

Sobre a concepção das afasias

Um estudo crítico

SIGMUND FREUD

Dedicado ao sr. Josef Breuer,
com admiração e amizade

I.

Se eu, sem dispor de novas observações próprias, tento tratar de um tema no qual as melhores mentes da neuropatologia alemã e estrangeira, como Wernicke, Kussmaul, Lichtheim e Grashey, Hughlings Jackson, Bastian e Ross, Charcot, entre outros, já investiram suas forças, então será melhor que eu logo descreva os poucos pontos do problema em cuja discussão espero introduzir um avanço. Portanto, vou me esforçar para demonstrar que na teoria da afasia, na forma que ela tomou devido à cooperação dos pesquisadores aqui mencionados, há duas hipóteses que deveriam ser substituídas por outras ou as quais, no mínimo, não apresentam nenhuma vantagem em relação a essas outras hipóteses. A primeira delas tem como conteúdo a diferenciação entre a afasia devida à destruição dos centros e a afasia devida à destruição das vias de condução. Ela pode ser encontrada em praticamente todos os autores que escreveram sobre o assunto. A segunda hipótese refere-se à relação mútua de cada um dos supostos centros das funções da linguagem e é encontrada principalmente em Wernicke e naqueles pesquisadores que adotaram e desenvolveram a sua linha de pensamento. Como as duas hipóteses estão contidas na teoria de Wernicke sobre a afasia como componentes relevantes, pretendo apresentar minhas objeções a elas na forma de uma crítica a essa teoria. Como elas, ademais, têm uma relação íntima com aquela ideia que perpassa toda a nova neuropatologia – refiro-me à limitação das funções do sistema nervoso a regiões anatomicamente limitadas do mesmo, a "localização" –, terei de considerar o significado do fator tópico para a compreensão das afasias.

Assim, retomo um glorioso período da história do estudo do cérebro. Em 1861, Broca[1] comunicou à Société Anatomique de Paris o resultado daquelas duas autópsias a partir das quais ele pôde concluir que a lesão da terceira circunvolução frontal esquerda (ou da primeira, se começarmos a contar a partir da fissura de Sylvius) tem como consequência a perda total ou a limitação em alto grau da linguagem articulada – sendo que a inteligência e as outras funções da linguagem se mantêm intactas. Sua restrição: em destros, acrescentou-se mais tarde. A oposição à descoberta de Broca nunca se calou totalmente, pelo motivo justificado de que muitos tendiam a fazer valer também a inversão da proposição de Broca, atribuindo a perda ou o prejuízo da linguagem articulada a uma lesão na terceira circunvolução frontal esquerda. Treze anos mais tarde, Wernicke[2] publicou aquele pequeno texto, *Der aphasische Symptomencomplex* ([O complexo sintomático afásico], Breslau, 1874), com o qual ele associou um – pode-se dizer – mérito imortal a seu nome. Nesse texto, ele descreveu uma espécie de distúrbio ou perturbação de linguagem que representa a contrapartida à afasia de Broca, a perda da compreensão da linguagem com a manutenção da capacidade de utilizar a linguagem articulada, e explicou a falha dessa função por uma lesão encontrada por ele na primeira circunvolução temporal esquerda. A essa descoberta de Wernicke associou-se a esperança de atribuir a diversificada dissociação da faculdade da linguagem apontada pela clínica a um número igualmente distinto de lesões no órgão central. Wernicke deu apenas os primeiros passos para solucionar essa tarefa, mas a partir da explicação do distúrbio patológico da linguagem por uma doença localizada do cérebro ele encontrou o caminho para compreender o processo fisiológico da linguagem, o qual se apresentou a ele – colocando de forma resumida – como um reflexo cerebral. Pela via do nervo auditivo, os sons da fala chegam a um ponto do lobo temporal, o centro sensorial da linguagem, a partir do qual a excitação é transferida para a área de Broca no lobo frontal, o centro motor, que envia o impulso da linguagem articulada para a periferia.

Wernicke então teve uma ideia bastante determinada sobre a forma como os sons da linguagem estão contidos no centro, ideia que tem significado fundamental para toda a teoria da localização.

Ao ser questionado sobre em que medida seria possível localizar as funções psíquicas, ele respondeu que isso seria possível apenas para as funções mais elementares. A percepção de um rosto pode ser associada à extremidade central do nervo óptico, uma percepção auditiva à região de expansão do nervo acústico no córtex cerebral. Tudo o que vai além disso, a associação de diversas representações com um conceito e outras coisas semelhantes, é um desempenho dos sistemas de associação que conectam diversos pontos do córtex entre si, ou seja, não pode mais ser localizado em um único ponto do córtex. No entanto, as estimulações sensoriais que chegam ao córtex cerebral deixam impressões duradouras ali, as quais Wernicke diz estarem guardadas individualmente, cada uma em uma célula. "O córtex cerebral com seus 600 milhões de corpos corticais, de acordo com a estimativa de Meynert, oferece um número suficiente de locais de armazenagem nos quais as inúmeras impressões associadas às sensações, fornecidas pelo mundo externo, podem ser armazenadas sequencialmente sem problemas. O córtex cerebral está povoado desses resíduos de estímulos vencidos, os quais vamos denominar imagens mnêmicas."

Essas imagens mnêmicas dos sons da linguagem, portanto, estão incluídas nas células do centro sensorial na primeira circunvolução temporal, enquanto o centro de Broca abriga as imagens motoras da linguagem memorizadas, as "representações motoras da linguagem". A destruição do centro sensorial causa a perda das imagens acústicas e, com isso, a incapacidade de compreender a linguagem – afasia sensorial, surdez verbal. A destruição do centro motor elimina as imagens motoras da linguagem, criando assim a impossibilidade de inervar os núcleos dos nervos cerebrais motores para a produção dos sons articulados da linguagem – afasia motora. Além disso, porém, os centros motor e sensorial da linguagem estão ligados entre si por uma via de associação que Wernicke posiciona na região da ínsula, segundo os resultados de exames anatômicos e após observações clínicas. Não se pode deduzir com clareza total se Wernicke acredita que essa associação ocorre exclusivamente por meio de fibras brancas ou também por meio da intermediação da substância cinza da ínsula. Ele fala em *fibrae propriae* que terminam no córtex insular e partem de toda a região da primeira circun-

volução, a qual circunda a fissura de Silvyus, de forma que a
ínsula "se assemelha a uma grande aranha que reúne em si
as fibras emitidas radialmente para ela a partir de todas as
regiões da primeira circunvolução; com isso surge, como em
nenhum outro lugar do órgão central, a impressão de um
verdadeiro centro para quaisquer funções". No entanto, nenhum outro desempenho é atribuído por Wernicke ao córtex
insular, a não ser o da associação entre a "imagem acústica
da linguagem" e a "imagem motora da linguagem", as quais
estão localizadas em outros pontos do córtex cerebral: um
desempenho que se atribui habitualmente apenas às massas
de fibras brancas. A destruição dessa via de associação também causa um distúrbio de linguagem, a saber, a parafasia,
ou seja, troca de palavras e insegurança no uso das mesmas,
conservando-se a compreensão e a articulação da linguagem.
Esse tipo de distúrbio de linguagem é apresentado por Wernicke como "afasia de condução", em contraposição às outras
duas "afasias centrais" (Fig. 1).

FIG. 1

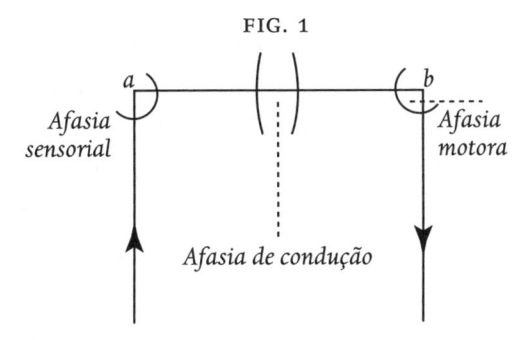

Afasia sensorial

Afasia motora

Afasia de condução

Eu tomo emprestado dos trabalhos de Wernicke um segundo
esquema do processo da linguagem referente ao cérebro para
sugerir em que ponto o mesmo pede maior elaboração (Fig. 2).

FIG. 2

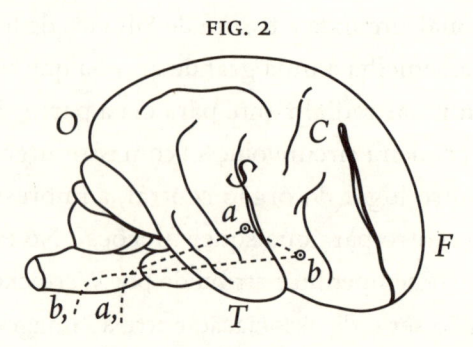

Wernicke, *O complexo sintomático afásico*, figura 3. *F* indica a extremidade frontal, *O* a occipital e *T* a extremidade temporal de um cérebro desenhado de forma esquemática. *C* indica a coluna central, *S* a primeira curva circunvolutória em torno da fissura de Sylvius. *a* indica a extremidade central do nervo acústico, *a*, o seu ponto de entrada na medula oblonga, *b* o local das representações motoras referentes à produção de sons, *b*, a saída da via centrífuga da linguagem da medula oblonga.

O esquema de Wernicke representa simplesmente o aparelho de linguagem sem relação com o restante da atividade cerebral, como interessa na atividade de repetição do que se ouve. Se levarmos em conta as demais ligações dos centros de linguagem, que são indispensáveis para a capacidade de fala espontânea, então deve surgir uma representação mais complicada do aparelho central de linguagem, a qual, porém, torna possível o esclarecimento de um maior número de distúrbios de linguagem por meio da suposição de lesões em pontos limitados. Ao dar esse passo em 1884, consequentemente desenvolvendo o pensamento de Wernicke, Lichtheim[3] chegou ao esquema do aparelho de linguagem que incluo aqui (Fig. 3).

Nele, *M* indica o centro motor da linguagem (a área de Broca), *1* indica a afasia motora causada pela destruição do mesmo; *A*

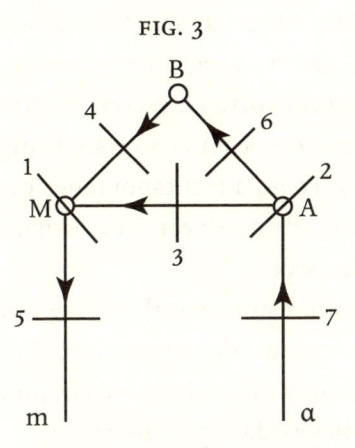

FIG. 3

Lichtheim, "Sobre a afasia",
Brain VII, p.436, figura 1.

é o centro acústico da linguagem (o ponto de Wernicke) e 2, a afasia sensorial causada pela destruição do mesmo. *3, 4, 5, 6* e *7* correspondem a afasias de condução, *3* é a afasia de condução da ínsula formulada por Wernicke. O ponto *B* não tem o mesmo valor no esquema que *A* e *M*, que correspondem a regiões do córtex cerebral que podem ser indicadas anatomicamente; ele, na verdade, simplesmente é uma representação esquemática dos inúmeros pontos do córtex a partir dos quais o aparelho de linguagem pode entrar em atividade. Também não há menção a um distúrbio de linguagem devido à lesão desse ponto.

Lichtheim diferenciou as sete formas de distúrbios de linguagem indicadas pelo seu esquema como afasias nucleares (*1, 2*), afasias de condução periféricas (*5, 7*) e afasias de condução centrais (*3, 4, 6*). Wernicke[4] substituiu essa nomenclatura posteriormente por outra que também não deixa de ter falhas, mas que traz a vantagem de ter alcançado uma aceitação generalizada. Se nós, então, acompanharmos essa última, precisamos denominar e caracterizar as sete formas de distúrbios de linguagem de Lichtheim da seguinte maneira:

1. A afasia motora cortical. A compreensão da linguagem é preservada, mas o vocabulário é suprimido ou limitado a poucas palavras. Tanto a fala espontânea quanto a repetição do que se ouve são impossíveis. Essa forma é idêntica à já conhecida afasia de Broca.

5. A afasia motora subcortical. Esta se diferencia da afasia anterior apenas em um ponto (manutenção da capacidade de escrever), assim como alegadamente em uma outra peculiaridade – a ser mencionada mais à frente.

4. A afasia motora transcortical. Nesta forma, a pessoa não consegue falar espontaneamente, mas a capacidade de repetir o que ouve é mantida e resulta em uma estranha dissociação do componente motor da linguagem.

2. A afasia sensorial cortical. O doente não compreende o que lhe é dito, tampouco pode repeti-lo, mas fala de forma espontânea com vocabulário irrestrito. É extremamente relevante o fato de sua linguagem espontânea não estar intacta, mas apresentar "parafasia", e a isso devemos nos dedicar mais à frente (afasia de Wernicke).

7. A afasia sensorial subcortical. A mesma se diferencia da anterior pela falta de parafasia na fala.

6. A afasia sensorial transcortical. Esta forma oferece a mais inesperada divisão da capacidade de falar, mas que pode ser necessariamente deduzida a partir do esquema de Lichtheim. O doente fala espontaneamente de forma parafásica, é capaz de repetir, mas não compreende o que lhe é dito nem o que ele próprio repete.

3. A afasia de condução de Wernicke. Caracteriza-se pela parafasia com demais caracteres negativos.

Eu incluo aqui mais um esquema de Lichtheim, no qual o autor procura considerar os distúrbios da linguagem escrita decorrentes da afasia ao incluir um centro visual e um centro de escrita, assim como suas conexões (Fig. 4). No entanto, somente Wernicke concluiu completamente essa tarefa a partir do exemplo dado por Lichtheim em um trabalho posterior ("Die neueren Arbeiten über Aphasie", *Fortschritte der Medicin*, 1885-86).

FIG. 4

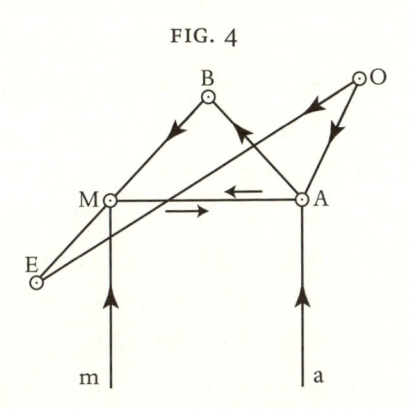

Lichtheim, *Sobre a afasia*, p.437, figura 2. O indica
o centro visual, E o centro da escrita. Na p.443
Lichtheim apresenta outro esquema que mostra E
em ligação direta com A e O, em vez de com M e O.

Quando se sabe que Lichtheim comprovou todas as formas de dissociação da capacidade da fala deduzidas a partir de seu esquema com casos realmente observados – mesmo que em pequena quantidade –, certamente não se pode considerar injustificado o grande sucesso de sua concepção de afasia. O esquema de Lichtheim surgiu por vias dedutivas, levou a formas surpreendentes e até então não observadas de dissociação da linguagem, e como posteriormente pôde-se confirmar essas formas construídas por meio de observações, então isso provavelmente pareceu uma prova absolutamente válida para a legitimação dos seus pressupostos. Não é uma crítica destacarmos que o esquema de Lichtheim não pode ser compreendido no sentido literal como o de Wernicke. Este último pode ser registrado no cérebro, a localização dos centros e das vias ali contidos foi anatomicamente verificada. O esquema de Lichtheim acrescenta novas vias cujo conhecimento anatômico ainda nos falta. Portanto, não se pode especificar, por exemplo, se os centros e vias de Lichtheim estão separados da forma como são representados ou se, na verdade, as vias de condução "interna" e "externa" de um centro não são coincidentes por um trecho longo, o que é absolutamente indiferente para a fisiologia da função da linguagem, mas deveria ser muito relevante para a patologia da área da linguagem no córtex. Se a representação de Lichtheim estivesse baseada em novas descobertas anatômicas, então não seria possível manter objeções e a maioria das observações apresentadas posteriormente estariam resolvidas.

Ainda mais grave é o fato de que, na classificação dos distúrbios da linguagem que realmente ocorrem de acordo com o esquema de Lichtheim, surgem regularmente dificuldades, pois quase sempre encontramos cada uma das funções da linguagem prejudicada em diferentes graus, e não uma delas totalmente anulada enquanto a outra está intacta. Além disso, a facilidade com que se pode atribuir a lesões combinadas os distúrbios da linguagem que não podem ser explicados por uma única interrupção no esquema faz com que as tentativas de explicação possam ser amplamente arbitrárias. Mas enquanto esses são defeitos mais ou menos inerentes a qualquer esquematização, podemos fazer uma exigência especial ao esquema de Lichtheim que ele de fato não parece ser capaz de satisfazer.

Ele deveria, por natureza, buscar a completude, a possibilidade de incluir dentro de si cada uma das formas observadas de distúrbio da linguagem. Ora, Lichtheim já tinha conhecimento de um caso frequente cuja explicação ele não conseguiu derivar de seu esquema: a associação da afasia motora com uma cegueira para os sinais escritos (alexia), a qual é frequente demais para ser explicada pela coocorrência aleatória de duas interrupções. Para esclarecer esse complexo sintomático, Lichtheim supôs que aqui se tratava de casos de perda total das funções da linguagem nos quais o distúrbio mais facilmente reversível, ou seja, a surdez verbal, já teria sido superado, de forma que nesse estágio teriam restado apenas os outros transtornos principais: a afasia motora e a cegueira para os sinais escritos. No entanto, esse esclarecimento não parece ser acertado, pois Kahler[5] relatou mais tarde um caso de afasia temporária rapidamente desaparecida, no qual o doente assegurou, após sua cura, que não conseguia falar antes, apenas "resmungar", e que não podia ler, pois as letras lhe apareciam como que "borradas", mas que teria entendido tudo o que lhe fora dito. Essa e outras experiências provavelmente levaram um dos mais prudentes neurologistas alemães, Eisenlohr,[6] a conceder ao esquema de Lichtheim um valor apenas "preponderantemente didático".

II.

A visão de que os distúrbios da linguagem observados na prática clínica, na medida em que tenham uma base anatômica, advêm da interrupção dos centros de linguagem ou da destruição das vias de associação da linguagem, ou seja, a visão

de que é correto se diferenciar a afasia central da afasia de
condução, foi aceita expressa ou tacitamente por todos os autores desde Wernicke. Mas decerto vale a pena averiguar mais
profundamente se essa diferenciação está correta, já que ela
está associada a uma concepção em princípio tão importante
do papel dos centros no córtex cerebral e da localização das
funções psíquicas, como explicado acima segundo Wernicke.

Quem tem clareza da suposta diferença entre um "centro
de linguagem" e uma simples via de ligação (composta de um
feixe de fibras brancas) deve esperar que a destruição de um
centro cause um distúrbio muito mais grave da função do
que a interrupção de uma condução. Essa expectativa parece
ser confirmada pela representação de Wernicke. A afasia de
condução de Wernicke pela interrupção da via *a–b* na Fig. 1
caracteriza-se apenas pela troca de palavras ao falar, com a
conservação da capacidade de dispor do vocabulário e da compreensão das palavras, de forma que ela, portanto, indica um
quadro bem mais leve do que a afasia motora e sensorial causada pela destruição dos centros de linguagem *a* e *b*.

Mas a afasia de condução de Wernicke é um caso especial,
pois o distúrbio da função associado a ela não pode ser dedu-
zido a partir do esquema de Wernicke. Ele informa que, com
a interrupção da via *a–b*, surge a parafasia; no entanto, se nos
perguntarmos qual deveria ser a consequência esperada dessa
interrupção, a resposta será a seguinte: na via *a–b* aprendeu-se
a falar, o que consiste na reprodução sonora de uma palavra
ouvida; a função dessa via é a repetição de palavras; a consequência de sua interrupção deveria ser a impossibilidade da repetição com a conservação da fala espontânea e conservação da
compreensão da palavra. No entanto, admitamos que esse tipo

de dissociação da faculdade da linguagem nunca foi observado e não há probabilidade de que o seja algum dia. A capacidade de repetir nunca é perdida se a fala e a compreensão estão conservadas, ela só falta 1) se não se pode falar de forma alguma ou 2) se a audição verbal estiver prejudicada. Eu tenho conhecimento de apenas um único caso em que a fala espontânea não é acompanhada também da capacidade de repetir. Pois existem afásicos motores que eventualmente dizem uma imprecação ou uma palavra complicada que não se encontra normalmente entre os seus "restos de linguagem" (Hughlings Jackson[7]). Se pedirmos a esses doentes que repitam o que acabaram de pronunciar espontaneamente, eles não conseguem. Aqui, no entanto, trata-se de um caso muito diferente; os doentes também não conseguem repetir espontaneamente esse enriquecimento único de seu vocabulário. A partir do fato indubitável de que não há uma supressão isolada da capacidade de repetição, de que sempre se consegue repetir (quando a compreensão da palavra está intacta) se a fala espontânea é possível, vamos chegar a uma importante conclusão posteriormente, a saber, que a via na qual se fala é idêntica àquela onde se repete.

Assim, podemos dizer que a afasia de condução de Wernicke não existe, pois não se pode encontrar uma forma de distúrbio da linguagem com suas características. Wernicke localizou esse distúrbio da linguagem na região da ínsula, portanto o adoecimento da ínsula deve gerar uma outra forma de distúrbio da linguagem. De fato, na exemplar apresentação da afasia citada por Bastian,[8] encontrei afirmação certamente relevante de que o adoecimento da ínsula causa uma típica afasia motora. A questão da afasia relacionada à ínsula, que seria de grande importância para todos os nossos argumentos, infelizmente não foi esclarecida pelas experiências existentes até hoje. Meynert,[9] De Boyer[10] e o próprio Wernicke,[11] entre outros, insistem em que a ínsula pertence à área da linguagem, enquanto os discípulos de Charcot (Bernard[12]) não querem saber desse tipo de correlação da ínsula. A compilação realizada em 1887 por Naunyn[13] não apresentou nada decisivo para essa questão. Mesmo que pareça muito provável que o adoecimento da ínsula não cause um distúrbio da linguagem apenas pela contiguidade anatômica, não se pode de modo algum indicar se esse distúrbio da linguagem tem uma forma definida e qual seria essa forma.[14]

Nós reservamos para uma argumentação posterior o significado que pode ser atribuído ao sintoma da parafasia (troca de palavras) e o que levou Wernicke a considerar esse sintoma como característico de uma interrupção entre *a* e *b*. Neste ponto, eu gostaria apenas de mencionar que a parafasia observada em doentes não difere em nada da troca e mutilação de palavras que uma pessoa saudável pode cometer quando está cansada ou com a atenção dividida, sob a influência de afetos perturbadores, os quais, por exemplo, frequentemente nos tornam penoso acompanhar uma conferência. Tudo leva a considerarmos a parafasia, em sua concepção mais ampla, um sintoma puramente funcional, um indício de desempenho menos exato do aparelho de associação de linguagem. Isso não exclui que ela possa surgir de forma requintada como sintoma focal orgânico. Somente um autor, Allen Starr,[15] foi capaz de investigar e merece crédito em relação aos fundamentos anatômicos da parafasia. Ele chegou à conclusão de que a parafasia pode ser causada por lesões em regiões muito diferentes. Mesmo para ele foi impossível encontrar uma diferença patológica constante entre os casos de afasia sensorial com e sem parafasia.

Seria possível objetar que a crítica à afasia de condução de Wernicke que fiz acima é injustificada por não ter previsto uma opção: a impossibilidade da repetição não precisaria aparecer nesse modelo, porque a palavra ouvida, que não pode ser transferida diretamente para o centro motor *b*, seria repetida pelo atalho da "compreensão". A via de conexão *ABM* (Fig. 3) surgiria no lugar da via interrompida *AM* na qual a repetição costuma ocorrer. Se esse atalho realmente for viável, a afasia de condução deveria ser caracterizada como um estado no qual a compreensão da linguagem e a fala espontânea são conservadas, a repetição de palavras compreensíveis também é conservada, mas a repetição de palavras não compreendidas, por exemplo, de uma língua estrangeira, é suprimida. Esse complexo sintomático também ainda não foi observado, mas tampouco procurado. Seria possível que ele se concretizasse, eventualmente.

Ao reconhecermos o caráter permissivo dessa saída, chegamos, porém, a uma segunda expectativa que deveria ser associada à mais estrita separação dos centros de linguagem e suas vias de associação. A destruição de um centro provoca naturalmente uma perda insubstituível de função. Mas se apenas uma via de condução for interrompida, deveria ser possível se estimular o centro intacto por atalhos através de vias de condução conservadas, e suas imagens mnêmicas, apesar disso, ainda poderiam servir à função. Se buscarmos um caso em que tal diversidade da compensação de distúrbios da linguagem se revele, obtemos em princípio um exemplo cuja discussão tem enorme relevância para toda a concepção da afasia.

Existem casos de perda da compreensão da palavra (surdez verbal) sem prejuízo da fala espontânea. Eles são raros, mas ocorrem, e podemos afirmar que a teoria da afasia teria tido outro desenvolvimento se os primeiros exemplos de Wernicke de afasia sensorial tivessem sido desse tipo. Mas não foi o que ocorreu; os casos de Wernicke de afasia sensorial, assim como a maioria dos casos observados mais tarde, mostraram também um prejuízo da expressão verbal que vamos designar provisoriamente, acompanhando o descobridor da afasia sensorial, como parafasia. Esse distúrbio da linguagem naturalmente não poderia ser explicado a partir do esquema de Wernicke, pois segundo esse esquema as imagens motoras da linguagem estão intactas, as vias que vão dos conceitos até elas, igualmente intactas; portanto, quando se fala não há motivo que justifique não falar corretamente. Sendo assim, Wernicke teve de se apoiar, para esclarecer a parafasia no caso de afasia puramente sensorial, em um fator funcional, não visível a partir do esquema. Ele lembrou que a via $a–b$[16] é aquela na qual a fala foi aprendida. Depois fala-se diretamente a partir dos conceitos, mas a via $a–b$ ainda conserva uma certa relevância para a linguagem, ela é inervada sempre que há fala espontânea, realizando assim uma correção constante do processo das representações motoras. A interrupção dessa inervação paralela de $a–b$ causa parafasia.

As ideias de Wernicke acerca desse complicado ponto não são claras e, parece-me, tampouco consequentes. Pois em um trecho um pouco mais à frente (p.23, 1.c.), ele diz que a simples existência da via $a–b$ sem inervação intencionada da mesma já bastaria para assegurar a escolha da representação motora correta. Como pode ser possível que a simples existência dessa via, mesmo que ela não seja inervada, seja capaz de manifestar esse poderoso efeito sobre o processo motor? Ou, se ela recebe uma inervação colateral no momento da fala, como essa inervação pode se externar? O centro b envia o impulso para a articulação somente se a excitação tiver vindo do centro a, ou ele, na verdade, começa a falar precocemente, comete erros, os quais corrige por intermediação da excitação do centro dos sons verbais? A explicação de Wernicke não me permite ter uma ideia clara e sem objeções a respeito de todas essas questões. Lichtheim certamente percebeu essa falha da tentativa de esclarecimento de Wernicke, pois concebe a condição para se evitar a parafasia de forma muito mais precisa. Para ele, não basta que as imagens dos sons verbais estejam intactas, elas também precisam estar ligadas às imagens motoras da linguagem pela via a–b. Um passo à frente teria levado Lichtheim a supor que a fala só ocorre através das imagens acústicas e da via AM. Pois a influência de A através da via AM é claramente inútil se ela só for possível depois que já tivermos falado a partir de M; portanto, não se fala antes que essa excitação tenha chegado a M. Assim, todas as dificuldades se solucionam de forma satisfatória se abandonarmos essa hipótese supérflua de que para falarmos seria necessária mais uma excitação específica de M a partir do conceito.

Seja como for, nós queremos retomar o fato de que, na afasia sensorial (destruição de A), a fala espontânea se torna parafásica, segundo Wernicke e Lichtheim, porque as imagens acústicas em A que realizam a correção estão destruídas. Assim, é de se esperar que haja uma diferença clínica se essas imagens acústicas tão importantes não estiverem destruídas e apenas a via que as conecta a M estiver interrompida. Nós veríamos obrigatoriamente, em uma diferença como essa, uma prova de que o centro e as vias de condução de fato têm relevâncias diversas, de que as representações estão contidas apenas no primeiro e não nas últimas. As imagens acústicas conservadas expressariam sua influência sobre a fala por atalhos através dos "centros de conceitos", como explicamos acima com relação à viabilização da repetição. Agora, na afasia de condução de Wernicke, que retomamos aqui, existe o caso em que o centro está conservado mas a via de condução está interrompida. No entanto, revela-se que esse atalho não é tomado. A interrupção de $A–M$ tem a mesma consequência que a destruição do próprio A, ou seja, a parafasia na fala espontânea.

A própria afasia de condução de Wernicke, no entanto, mostra-se aqui mais uma vez insustentável. Pois se partirmos do pressuposto de que a interrupção da via $a–b$ $(A–M)$ não pode ser compensada por um atalho da inervação, ela deveria causar a incapacidade de repetição, e se aceitarmos esse atalho, ela não poderia gerar nem mesmo parafasia.

A observação das outras afasias de condução apresentadas por Lichtheim, assim como dos distúrbios não centrais de leitura e escrita, também leva à seguinte conclusão: a destruição de um desses chamados centros caracteriza-se simplesmente pela interrupção concomitante de várias vias. Cada uma dessas hipóteses pode ser substituída pela hipótese da lesão de várias vias de condução, sem que seja afetada a consideração da hipótese da localização específica das funções psíquicas nos centros.

Como sei que estou bastante isolado em minha proposição – de que a dignidade psíquica especial atribuída aos centros da linguagem deveria se trair também por alguma coisa na prática clínica dos distúrbios da linguagem –, faço questão de citar que De Watteville[17] também apresentou uma argumentação bem semelhante em um artigo curto mas rico em conteúdo.

"Nós imaginamos," diz esse autor, "que esses centros são armazéns nos quais os mais diversos tipos de imagens mnêmicas motoras e sensoriais são armazenados. Por outro lado, não podemos procurar o substrato fisiológico da atividade psíquica na função dessa ou daquela parte do cérebro, mas compreendê-lo como resultante de processos que abarcam o cérebro em toda a sua extensão. A partir desses dois pressupostos, pode-se concluir que as lesões cuja sintomatologia não nos permite reconhecer nenhuma diferença relevante entre elas devem se comportar de forma bastante diversa em relação à sua relevância psíquica. Tomemos dois casos de afasia motora, um dos quais foi causado pela destruição do próprio centro de Broca e o outro pela interrupção do feixe centrífugo que parte do centro. No primeiro caso, o doente não dispõe mais das imagens motoras da palavra, no segundo caso, dispõe. Ora, mesmo tendo se discutido tantas vezes a influência da afasia sobre a inteligência, chegou-se, apesar de observações acuradas de ambos os lados, a resultados tão opostos. Será que a solução dessa aparente contradição não estaria no estado atual a que nos referimos?... Assim, nos parece justo supor que, no caso de uma lesão central da linguagem, o doente deve ter sofrido também um prejuízo intelectual, o que não precisa ocorrer necessariamente no caso de uma lesão das vias de condução..."

Não creio que alguém já tenha feito o esforço de realizar o tipo de averiguação indicado por De Watteville. Tenho apenas a impressão de que a relação esperada de um prejuízo intelectual mais grave com uma afasia "central" em oposição a uma afasia de condução não seria comprovada.

III.

Enquanto me esforçava por descobrir quais relações nas ocorrências clínicas de distúrbios da linguagem confirmavam a alegada relevância psíquica dos centros de linguagem e, para tanto, submetia a afasia de condução de Wernicke a uma investigação crítica, deparei com fatos que me levaram a duvidar da correção de um esquema baseado essencialmente na localização. Não é incorreto classificar o esquema de Wernicke-Lichtheim como tal, no entanto precisamos lembrar que ambos os autores recorrem além disso, sem hesitação, a fatores funcionais para esclarecer os distúrbios da linguagem. Uma representação que pretendesse explicar os distúrbios da linguagem observados exclusivamente pela localização diversa de lesões destrutivas precisaria se restringir à hipótese de um número de centros e vias de condução que funcionem de forma independente e que deixem de funcionar com a mesma facilidade devido a lesões. Segundo lemos, porém, Wernicke e Lichtheim não puderam evitar a associação da função do centro motor *M* não apenas à sua integridade anatômica, mas também à conservação de sua ligação com o centro sensorial *A*. Realmente, Lichtheim fez uma descoberta surpreendente cuja confirmação iria reduzir ainda mais a importância do fator da localização. Ele se perguntou se pessoas com afasia motora dispunham da chamada "linguagem interna", o processo de deixar soarem as palavras que não conseguem pronunciar. Por isso, ele pediu aos doentes, por exemplo, que apertassem sua mão tantas vezes quantas fossem as sílabas da palavra demandada, e descobriu que os doentes não eram capazes de provar dessa forma que a conheciam. Está claro que um fato como esse não poderia deixar de exercer a mais profunda influência sobre nossas ideias do processo da linguagem, pois o centro *A* está intacto, suas conexões com o restante do córtex não estão prejudicadas, há uma lesão apenas na parte sensorial do aparelho de linguagem – bem distante, em *M*, o centro das representações motoras da palavra –, e mesmo assim o doente não consegue suscitar os sons da palavra presentes no lobo temporal a partir de suas outras atividades cerebrais (por exemplo, das percepções ópticas) devido à existência de uma lesão circunscrita na terceira circunvolução frontal.

Infelizmente, esse fato, que deveria ser o pilar de uma nova teoria dos distúrbios da linguagem, ainda não está assegurado. Primeiramente pode-se levantar uma objeção contra a forma como Lichtheim quis comprová-lo. Ele avaliou a disponibilidade dos sons da palavra observando se os doentes eram capazes de informar o número de sílabas das palavras procuradas. No entanto, pode-se supor que esses doentes estavam habituados a encontrar essa quantidade de sílabas somente por meio da transferência do som para a via motora da linguagem; portanto, o meio de avaliação seria inadequado, porque pressupõe a conservação justamente da via destruída no caso da afasia motora. Uma objeção que Wysman[18] levanta contra o teste de Lichtheim coincide, eu creio, com a minha. A questão, porém, tem mais um senão: Lichtheim relata que não pôde realizar seu teste em casos indiscutíveis de afasia cortical motora (destruição de *M*), porque não dispunha nos últimos anos de casos puros dessa espécie. Ele informa apenas um caso da chamada afasia motora transcortical no qual esse teste teve resultado negativo, apesar de, aqui, supor que nem mesmo o centro *M*, mas apenas suas conexões *MB* estavam destruídas. Adiante, porém, eu vou demonstrar que esses casos da chamada afasia motora transcortical demandam uma outra concepção que combine mais com o desconhecimento das imagens acústicas. Com isso, me parece que a questão quanto à disponibilidade das imagens acústicas ser conservada ou suprimida no caso de afasia motora ainda não está resolvida. Mas eu não gostaria de apresentar uma teoria da afasia antes de ter conhecimentos seguros acerca desse ponto.

Retornemos agora para os dois outros argumentos com base nos quais precisamos contestar a independência funcional do centro M. 1) Se houvesse uma conexão do centro M com B (via da fala espontânea) que fosse diferente da conexão com A (a via que possibilita a repetição e a fala correta), então deveríamos encontrar distúrbios da repetição sem distúrbios correspondentes na fala espontânea. Eu argumento detalhadamente que esse não é o caso. Assim, concluo que essas duas vias coincidem. 2) Vimos que uma lesão no centro A ou na via AM gera um distúrbio da linguagem que fez com que Wernicke e Lichtheim tivessem que recorrer a fatores funcionais para seu esclarecimento, sem com isso esclarecer de forma satisfatória o fato fundamental do surgimento do distúrbio de linguagem no caso de afasia sensorial. Essa dificuldade também desaparece quando se supõe que existe apenas a via AM e que se fala espontaneamente apenas por meio das imagens acústicas. Essa suposição parece mais óbvia, considerando-se que a via AM sem dúvida foi a primeira na qual a criança aprendeu a falar. Wernicke supõe que, quando a fala já foi suficientemente exercitada nessa via, forma-se uma outra, mais direta, que passa ao largo das imagens acústicas. Todavia, não se pode compreender de que forma a prática adquirida em uma via pode levar ao abandono da forma já praticada e à adoção de uma nova. Quase todos os autores anteriores, inclusive Kussmaul,[19] insistiram em que a fala espontânea, assim como a repetição, ocorre através das imagens sonoras, e entre os novos, Grashey[20] retomou essa hipótese. Eu também nunca pude compreender, na representação normalmente tão transparente de Lichtheim, a discussão na qual ele defende, contra Kussmaul, a existência de uma via motora direta.

Se fizermos a via da fala espontânea passar pelo centro sensorial *A*, naturalmente o distúrbio da linguagem devido à lesão sensorial passa a ser de grande interesse para nós. De fato, passamos a ter a impressão de que Wernicke e Lichtheim não o reconheceram plenamente ao designá-lo como "parafasia". Devemos compreender como parafasia um distúrbio da linguagem no qual a palavra adequada é substituída por uma mais inadequada, a qual, no entanto, sempre mantém uma certa relação com a palavra correta. Essas relações nós podemos descrever, por exemplo, baseados nas explicações de um filólogo chamado Delbrück,[21] da seguinte forma: trata-se de parafasia quando o falante substitui palavras por outras com sentido semelhante ou que tenham sido ligadas entre si por associação frequente, quando ele, por exemplo, usa "pena de escrever" em vez de "lápis", "Potsdam" em vez de "Berlim". Inclusive quando ele confunde palavras que tenham som semelhante, *"Butter"* [manteiga] no lugar de *"Mutter"* [mãe], *"Campher"* [cânfora] no lugar de *"Pamphlet"* [panfleto], por fim, quando ele comete erros de articulação (parafasia literal) nos quais apenas letras são substituídas por outras. Fica-se tentado a diferenciar, nesses diversos tipos de parafasia, em que parte do aparelho de linguagem se produziu a anomalia. Ademais, pode-se denominar também parafasia quando duas intenções verbais são fundidas em uma deformidade, "Vutter" no lugar de *"Mutter"* [mãe] ou *"Vater"* [pai]. E acordou-se atribuir à parafasia aquelas paráfrases em que um determinado substantivo é substituído por outro, tão indeterminado quanto possível (*"Dings"*, *"machine"*, *"chose"* ["coisa", em todos os casos]), ou por um verbo. O distúrbio da afasia sensorial, no entanto, vai muito além desses caracteres parafásicos. Os autores ingleses citam casos nos quais afásicos sensoriais não falam nenhuma palavra compreensível, alinhando sílabas sem sentido em uma sequência inexaurível (ladainha *nonsense*, jargonofasia). Em outros casos, como exemplificado pelo próprio Wernicke, é notável a pobreza em formações lexicais com qualquer significado mais restrito, a quantidade exacerbada de partículas, interjeições e outros ornamentos da linguagem, a repetição frequente de substantivos e verbos que tenham sido pronunciados uma vez. A paciente de Wernicke, por exemplo, disse certa vez, em uma época na qual já "apresentava um progresso relevante", quando alguém lhe deu um presente: "Então me permito muitas muitas vezes tudo possível que você já tenha viu. Eu agradeço muitas vezes carinhosas que você me dito tudo. Ah, então agradeço muito que você tão bom tenha sido, que você tão bondoso tenha sido."[22] Eu me lembro de ter visto no Hospital Geral de Viena um caso de afasia sensorial – a sra. E., que nos foi apresentada como "confusão por encefalite" –, cuja linguagem oferecia as mesmas peculiaridades: o empobrecimento em todas as partes do discurso de determinação mais restrita, substantivos, adjetivos e verbos, a profusão de todas as partes indiferentes do discurso e a repetição das mesmas palavras que ela conseguira pronunciar uma vez. Wernicke tentou caracterizar o distúrbio da linguagem da afasia sensorial como a "conservação do vocabulário com parafasia". Eu penso que é mais correto descrevê-la como "empobrecimento do vocabulário com abundantes impulsos verbais".

No entanto, se eliminarmos a via da fala espontânea *BM* do esquema de Lichtheim, como podemos então explicar os casos da chamada "afasia motora transcortical", que Lichtheim explica com tanta naturalidade com a interrupção justamente dessa via? Lembremos que esses casos apresentam a peculiaridade de que a fala espontânea é totalmente impossível, enquanto a repetição, a leitura em voz alta (ou seja, falar de acordo com a forma escrita) etc. acontecem sem impedimentos. Por sorte, estamos agora em condições de compreender esses casos de outra forma. Heubner[23] publicou recentemente uma observação de afasia à qual vamos nos referir ainda muitas vezes, por sua grande importância. Esse doente perdeu a capacidade de falar espontaneamente, mas era capaz de repetir e ler em voz alta; portanto, ele apresentava uma típica afasia motora transcortical. Além disso, perdeu também a compreensão da linguagem, incluindo o que ele mesmo lia, escrevia ou repetia – distúrbios que correspondem à afasia sensorial transcortical de Lichtheim. Seu caso, portanto, não podia ser explicado por uma simples lesão no esquema de Lichtheim, mas pela coincidência de duas lesões, a saber, nas vias *BM* e *BA*. A autópsia desse doente viria a mostrar um amolecimento extremamente interessante do córtex ao menos em um ponto na região sensorial, amolecimento que circundava o ponto de Wernicke, a primeira circunvolução temporal, separando-o do restante do córtex na parte de cima, de trás e de baixo. Além disso, havia um amolecimento cortical superficial do tamanho aproximado de uma lentilha em um ângulo da terceira circunvolução frontal (Fig. 5).

FIG. 5

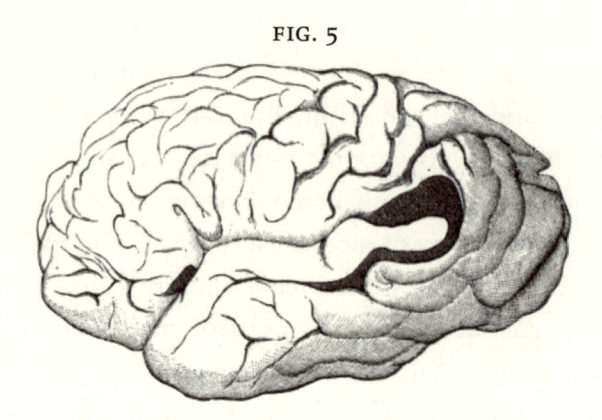

Resultado de autópsia no caso de Heubner.

Com isso, o esquema de Lichtheim parece inicialmente cor-roborado, mas após uma reflexão mais detalhada é preciso dar razão a Heubner quando ele afirma que a lesão na região motora é restrita e insignificante demais para que se possa atribuir a ela o "importante e profundo distúrbio da linguagem". Ela, aliás, está situada no próprio córtex, de forma que deveria ser deno-minada uma lesão cortical, e de forma alguma transcortical, e se tivesse causado distúrbios estes surgiriam na repetição tanto quanto na fala. Sendo assim, resta para a explicação do distúrbio da linguagem observado apenas a lesão significante na região sensorial, e nós vemos, a partir desse caso, que uma separação dos centros sensoriais de suas outras ligações corticais, isto é, uma lesão sensorial transcortical gera também a suspensão da fala espontânea, ou seja, que a via *BM* coincide com a via *BA*, ou que se fala apenas através das imagens acústicas.

Recordemos que em seu caso de afasia motora subcortical Lichtheim concluiu, por meio de seu teste silábico, que o doen-te não podia ativar as imagens acústicas das palavras a partir de sua atividade mental. Se pudermos, a partir do caso de Heubner, tirar conclusões sobre o caso de Lichtheim, o qual de qualquer maneira apresenta um prejuízo menor das funções da linguagem, então neste último a lesão também estaria em regiões sensoriais e com isso o teste negativo perderia a importância que teria em um caso de lesão motora indubitável.

No entanto, é delicado basear uma decisão em um único caso, especialmente porque ele apresenta uma pequena lesão em uma região motora. Assim, eu procurei encontrar alguns outros casos da chamada afasia motora transcortical com diagnósticos decorrentes de autópsias, e cheguei ao seguinte resultado, inesperado para mim: a incapacidade de falar espontaneamente com a conservação da capacidade de repetir não permite necessariamente deduzir uma localização na região sensorial. Esse sintoma característico da afasia motora transcortical também pode ser encontrado no caso de localização da doença exclusivamente na região motora; mas apenas em um único caso a lesão pôde ser realmente classificada como "transcortical". Tratava-se, nesse caso (Magnan[24]), de um tumor que estava situado na superfície interna da *dura máter* e, partindo da parte superior, penetrou como uma cunha no hemisfério esquerdo, sua ponta chegando à terceira circunvolução frontal e ao terço anterior da borda superior da ínsula. A doente era incapaz de fornecer informações sobre si mesma, falava apenas algumas palavras isoladas e sílabas sem sentido, mas conseguia repetir bem as palavras que ouvia.

Nos dois outros casos para os quais eu pude determinar a localização de acordo com resultados de autópsias, a lesão se encontrava no próprio córtex motor, na verdade ela era "transcortical" no sentido real da palavra, o que torna essa palavra inadequada para ser usada na teoria da afasia. Em um dos casos, a lesão consistia em uma hemorragia acima do centro motor, no outro, em um fragmento de osso cravado no centro motor. Ambos os casos são de Hammond[25] e são relatados por ele conforme segue:

Caso 1. Quando, no verão de 1857, Hammond estava nas Montanhas Rochosas com um grupo de soldados e trabalhadores, um dos trabalhadores, um mexicano, foi golpeado com um bastão na têmpora esquerda e perdeu os sentidos. Quando voltou a si, perdera completamente a memória de palavras, mas não a capacidade de articulação. Ele não conseguia falar por si mesmo, mas quando se lhe diziam palavras ele as repetia sem nenhum erro de articulação, desde que não lhe dissessem palavras demais de uma vez. Quando Hammond, por exemplo, lhe perguntou: *"Como sientes ahora?"* (Como você está agora?), ele repetiu: *"Como sien, sien, sien"* e caiu no choro. O doente morreu no dia seguinte e apresentava uma "equimose do tamanho de uma moeda de meio dólar que afetava o lobo frontal esquerdo em sua borda lateral posterior", além de uma disrupção na artéria meníngea média direita.

Talvez possamos supor que o exame de Hammond nesse caso não tenha sido exaustivo, pois ele acrescenta à observação: "Na época eu não atribuí grande importância ao ferimento no lobo frontal esquerdo. Somente a partir da discussão na academia parisiense em 1861 eu me convenci de que a afasia amnésica desse caso advinha desse ferimento."

Caso 2. No inverno de 1868/69, Hammond viu um homem que, alguns meses antes, durante o trabalho em uma pedreira, havia sofrido um golpe de uma das máquinas no lado esquerdo da cabeça. O doente parecia ser muito inteligente, compreendia tudo o que lhe diziam, fazia os esforços mais desesperados para falar, mas nunca conseguia dizer outras palavras além de "sim" e "não". Hammond lhe perguntou: "O senhor nasceu na Prússia?" "Não." "Na Baviera?" "Não." "Na Áustria?" "Não." "Na Suíça?" "Sim, sim, sim, Suíça, Suíça." Nesse momento, ele riu e moveu a mão em todas as direções. Hammond supôs que, naquele acidente, houve um rompimento da cápsula craniana interna e que um fragmento de osso pressionava a terceira circunvolução frontal. Ele recomendou uma trepanação, a qual foi realizada e confirmou seu diagnóstico. Assim que o doente acordou da anestesia, sua fala estava recuperada.[26]

Nós vemos, portanto, que aqui a afasia motora transcortical de Lichtheim surge por lesões que não têm nada em comum com a interrupção de uma via *BM*.

Ao observarmos esses casos mais de perto, porém, ocorre-me um importante ponto de vista que poderia ser considerado também para outros distúrbios da linguagem. Sabe-se, de maneira geral, que a afasia motora na grande maioria dos casos tem o amolecimento como base. Assim, sem dúvida é uma coincidência considerável que os casos de afasia motora transcortical que mencionei antes invariavelmente refiram-se a lesões de natureza diferente, com exceção do caso de Heubner que apresenta uma lesão sensorial. O próprio caso exemplar de Lichtheim é de natureza traumática, assim como os dois casos de Hammond. No caso de Magnan tratava-se, afinal, de um tumor.[27]

Agora nós sabemos que as partes do cérebro cujo adoecimento se revela por meio de sintomas sempre nos indicam apenas sintomas locais, e fica a nosso cargo adivinhar o diagnóstico a partir de circunstâncias secundárias do caso ou a partir do desenvolvimento da afecção. O aparelho de linguagem, no entanto, dispõe de tamanha riqueza de formas de expressão sintomáticas que dele poderíamos esperar que nos revelasse não apenas a localização, mas também a natureza da lesão por meio do tipo do distúrbio funcional. Sendo assim, talvez consigamos um dia separar clinicamente as afasias por hemorragia daquelas por amolecimento e reconhecer uma série de distúrbios da linguagem como característicos de processos específicos no aparelho de linguagem.

De qualquer forma, para a chamada afasia motora transcortical pode-se considerar inquestionável que sua existência não comprova em nada a suposição de uma via *BM* para a fala espontânea. Essa forma de distúrbio da linguagem ocorre devido a lesões das regiões sensíveis da linguagem ou devido a estados patogênicos especiais da região motora devido aos quais o centro motor da linguagem é lançado em um estado de funcionamento reduzido em relação ao estado normal.[28]

Charlton Bastian,[29] que fornece a mesma explicação que nós para a chamada afasia motora transcortical de Lichtheim, diferencia três estados de excitação reduzida de um centro. A redução mais leve apresenta-se quando esse centro não reage mais a uma excitação "arbitrária", mas ainda reage a uma excitação na forma de associação a partir de outro centro ou a um estímulo sensível direto. Quando há um dano funcional maior, ocorre apenas uma reação a um estímulo sensível direto, e por fim, no grau mais profundo, nem mesmo este último surte efeito. Assim, para a afasia motora transcortical, deveríamos supor que o centro motor ainda pode ser ativado por um estímulo sensível direto, enquanto uma excitação "arbitrária" não consegue mais ativá-lo. E como esse centro motor sempre é estimulado por associação com o centro sensorial acústico, a origem da mudança na capacidade de estimulação pode estar tanto no centro sensorial quanto no próprio centro motor.

Agora percebo que conseguimos explicar uma forma clinicamente observada de distúrbio da linguagem, não pela interrupção localizada de uma via, mas pela suposição de uma modificação do estado funcional. Sendo esse passo tão relevante para toda a conceituação da afasia, repito, para nossa segurança, que fomos obrigados a abandonar a explicação localizatória porque os resultados de autópsias (Heubner, Hammond) a contradiziam. A hipótese pela qual optei, junto com Ch. Bastian, me parece uma expressão natural do fato de que a repetição sempre se conserva por mais tempo do que a fala espontânea. Adiante exporei fatos que também comprovam que a ação associativa de um centro se perde com menos facilidade do que a chamada "espontânea".

A hipótese de Bastian, porém, causa inicialmente um certo estranhamento. Ela se opõe a um sistema de pensamentos que trata lesões delimitadas e seus efeitos como algo que surgiu subitamente. Uma redução da excitabilidade em um centro, pode-se objetar inicialmente, não precisa ser explicada por uma lesão, ela nos parece um estado puramente "funcional". Isso está correto e pode haver estados semelhantes à afasia motora transcortical que tenham surgido como consequência apenas de um dano funcional, sem lesão orgânica. Mas se tivermos maior clareza da relação entre "lesão orgânica" e "distúrbio funcional", temos de admitir que uma série de lesões orgânicas não pode ser revelada de outra forma senão por meio de distúrbios funcionais, e a experiência mostra que essas lesões realmente não causam outra coisa. Há décadas guiados pelo anseio de utilizar os distúrbios que a prática clínica nos oferece para o conhecimento da localização das funções, nós nos acostumamos a demandar de uma lesão orgânica que ela destrua totalmente uma parte dos elementos do sistema nervoso deixando os outros completamente intocados, porque só assim ela pode ser usada para nossos fins. Apenas poucas lesões preenchem esses requisitos. A grande maioria não é diretamente destrutiva e atrai uma quantidade maior de elementos para a área de seu efeito prejudicial.

Além disso, deve-se considerar a relação de uma lesão que causa destruição parcial com o aparelho afetado. Aqui, pode-se pensar em dois casos que realmente ocorrem. Ou o aparelho apresenta mutilação em partes isoladas devido à lesão enquanto as partes conservadas do mesmo funcionam de forma inalterada, ou ele reage à lesão como um todo, de forma solidária, não deixando que se reconheça o não funcionamento de partes isoladas, mas mostrando-se enfraquecido em sua função. Ele responde à lesão causadora de destruição parcial com um distúrbio funcional que também poderia surgir por um dano não material. O aparelho central da extremidade superior nos mostra, por exemplo, as duas formas de reação. Se há uma pequena lesão orgânica na circunvolução central anterior, então o seu efeito pode consistir na paralisia isolada, por exemplo, dos músculos do polegar. No entanto, é mais comum que o efeito se revele como paresia moderada do braço inteiro. O aparelho de linguagem, então, parece mostrar em todas as suas partes o segundo tipo de reação contra lesões não destrutivas. Ele responde solidariamente (parcialmente solidário, ao menos) a uma lesão como essa, com um distúrbio funcional. Por exemplo, como consequência de uma pequena lesão no centro motor nunca há a perda de centenas de palavras cuja natureza dependa apenas da localização da lesão. Sempre é possível se demonstrar que a perda parcial é expressão de uma redução funcional geral desse centro. Aliás, não é óbvio que os centros de linguagem se comportem dessa maneira, e isso vai nos servir adiante para uma ideia bastante definida da estrutura desses centros.

Antes de interromper esse esclarecimento sobre a afasia motora, eu preciso levantar dois pontos que podem ser aqui resolvidos da forma mais adequada. Se a afasia motora transcortical é o sintoma de um estado que se localiza entre a norma e a completa inexcitabilidade, então é de se esperar que esse sintoma cesse, no caso da afasia motora, quando a mesma apresenta melhora, ou seja, que afásicos motores aprendam a repetir mais cedo e melhor, antes de voltarem a falar espontaneamente. Eu acredito que um caso de Ogle[30] permite reconhecer esse caráter. Fora isso, não pude coletar confirmações numerosas de minha expectativa. Posso dizer que a atenção dos observadores não se voltou para essa questão.

Além disso, devo ainda considerar uma objeção que certamente todo leitor já pensou consigo mesmo. Se a fala espontânea ocorre pela via *BAM* através das imagens acústicas, então toda afasia sensorial deveria causar a perda da fala espontânea e não apenas um distúrbio da mesma. Como se pode explicar que, no caso de afasia sensorial, as pessoas ainda falem tanto, mesmo que não corretamente?

Eu só posso reconhecer a dificuldade e responder fazendo referência a uma outra dificuldade. Há casos de logoplegia, suspensão concomitante da compreensão da linguagem e da dicção, nos quais poderíamos ver atendida nossa exigência de perda da fala espontânea no caso de afasia sensorial. Eles têm como base, no entanto, lesões múltiplas ou estendidas que afetam ao mesmo tempo a região motora e a sensorial. Esses casos costumam se desenvolver clinicamente de forma bastante específica. O distúrbio sensorial melhora e, em um estágio posterior, o doente apresenta um quadro de afasia puramente motora. Pode também acontecer que um caso de adoecimento se manifeste desde o princípio como afasia motora, enquanto se descobre, na autópsia, que não apenas o centro de Broca, mas também uma grande parte da área restante da linguagem incluindo o centro de Wernicke, está destruída. Kahler[31] escreveu sobre um desses casos, nada raros, e compilou os restantes. Portanto, sabe-se com certeza de casos de destruição do centro sensorial *A* sem surdez verbal, pelo menos não permanente, mesmo que toda surdez verbal deva ser relacionada a uma lesão desse centro. Não sei indicar por ora como solucionar essa contradição. Apenas suponho que a sua compreensão traria consigo também a resposta à questão colocada anteriormente, quanto a por que a afasia sensorial nem sempre é seguida da perda total da linguagem. Do ponto de vista da teoria dos centros da linguagem, teríamos de afirmar que a extensão do centro *A* ainda não é conhecida com segurança suficiente.

Aliás, há afasia sensorial que se apresenta sem nenhum distúrbio da linguagem, com baixo empobrecimento parafásico da linguagem, com alto grau de empobrecimento da linguagem, e com degeneração da linguagem até o balbucio sem sentido. Segundo Allen Starr,[32] não é possível explicar essas diferenças no dano à função motora a partir de uma localização diversa da lesão na área sensível. Talvez algumas considerações apresentadas mais à frente possam contribuir para o esclarecimento dessa dificuldade.

IV.

Mais ou menos concomitantemente àquele trabalho de Lichtheim que forneceu de maneira tão sistemática a explicação localizatória dos distúrbios da linguagem, tomou-se conhecimento de uma comunicação de Grashey[33] que logo adquiriu notoriedade por ter significado fundamental para a compreensão da afasia, aliás sem que muitos tenham, desde então, continuado a desenvolver a teoria a partir desses fundamentos. O caso de Grashey não apresentava nenhuma peculiaridade, com exceção de um único ponto. Tratava-se de um homem de 27 anos que, em consequência da queda de uma escada, sofrera uma fratura de crânio, ficara quase totalmente surdo do ouvido direito, perdera o olfato e o paladar, com o olho direito só enxergava movimentos das mãos, e, do lado esquerdo, tinha ⅔ de acuidade visual e um campo de visão concentricamente limitado. O nervo facial e o hipoglosso, assim como toda a musculatura corporal do lado direito, estavam parésicos. Além disso, o doente apresentava um distúrbio da linguagem que se manifestou imediatamente após o ferimento na forma de surdez verbal. Na época em que Grashey o observou, sua capacidade de falar tinha se recuperado amplamente e apenas alguns dos restos do distúrbio mais comuns podiam ser reconhecidos. O doente era capaz de falar com coerência, utilizava todas as partes indiferentes do discurso sem dificuldades, inclusive alguns verbos e adjetivos, encontrava no fluxo do discurso também alguns substantivos, mas estagnava com a maioria deles, recorrendo a paráfrases ("aquele negócio"). Ele reconhecia todo objeto que conhecera antes de adoecer, mas nunca se lembrava de seus nomes. Sua compreensão da linguagem estava intacta.

A incapacidade de utilizar substantivos no fluxo do discurso e de nomear objetos reconhecidos é, digamos, um dos sintomas mais comuns da chamada afasia amnésica, a qual foi distinguida por autores mais antigos ao lado da afasia atáxica.[34]

A relação dessa afasia amnésica com os tipos de distúrbios da fala que podíamos caracterizar pela interrupção da via sempre dificultou a concepção. O que é compreensível, pois uma dessas formulações se baseava em um ponto de vista psicológico, e a outra, em um anatômico. Lichtheim considerava inadmissível igualar as amnésias a outras formas de distúrbios da fala. Ele era da opinião que a amnésia era um sintoma acessório dos tipos descritos por ele e de seus estados de degeneração, mas dizia que ela não era um sintoma derivado do foco e se apresentava em processos patológicos mais difusos, em casos de transtornos de circulação generalizados no cérebro, ou como indício de degeneração senil da atividade cerebral.

De início não é evidente a exigência de se deixar de lado, em uma classe inteira de distúrbios da linguagem, o ponto de vista da localização, que foi declarada como única determinante para outra classe. Grashey, na verdade, procurou analisar as características de seu caso de afasia amnésica com base no esquema aqui reproduzido (Fig. 6) e chegou à conclusão de que o mesmo pode ser elucidado quando se supõe que a via

FIG. 6

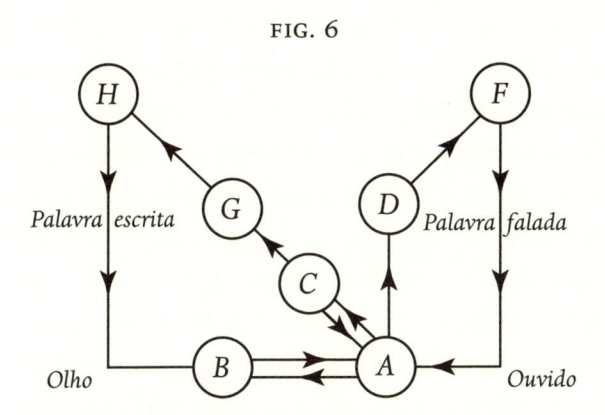

Esquema com o qual Grashey explica o distúrbio funcional de seu doente. *A* indica o centro de imagens acústicas; *B* o centro de imagens de objetos; *C* o centro de símbolos, ou seja, de letras, palavras e números escritos ou impressos; *D* o centro das representações de movimentos da fala; *F* os núcleos dos nervos fonadores e articuladores; *G* o centro das representações de movimentos da escrita; *H* os núcleos dos nervos motores que agem no momento da escrita.

que vai das imagens acústicas para as imagens de objetos está livre, mas a que leva às imagens acústicas está interrompida. Então o doente seria capaz de associar uma palavra que lhe foi dita ao objeto nomeado, mas incapaz de encontrar a imagem acústica referente a um objeto que lhe é apresentado.

Seu mérito consistiu no fato de ter rejeitado mais uma vez essa tentativa de esclarecimento com as seguintes palavras: "Dessa forma, afinal, todo sintoma poderia ser explicado ... por isso eu não me satisfiz com a ativação e desativação arbitrárias de vias de ligação conectoras, mas examinei o doente mais detalhadamente e descobri que os centros aparentemente normais ... estão bastante prejudicados em suas funções ... ."

Seu doente apresentava uma incapacidade peculiar de memorizar por um período mais longo "imagens de objetos, imagens acústicas e símbolos", como diz Grashey. Se alguém lhe mostrava um objeto que ele reconhecia e momentos mais tarde lhe pedia que tocasse no objeto apresentado, nesse ínterim ele já tinha esquecido qual objeto era. Se alguém lhe dizia uma palavra, distraía-o com outra e depois demandava que repetisse a primeira, ele sempre a esquecia, lembrando-se apenas da última palavra dita e assim por diante. Por isso, ele era também incapaz de reunir em um todo e perceber como um todo "imagens de objetos, imagens acústicas, imagens táteis e símbolos" sucessivos e surgidos em intervalos perceptíveis. Se uma pessoa cobria a imagem de um objeto que ele conhecia com uma folha de papel em cujo centro uma janela fora recortada e deslizava o papel de forma que a imagem fosse pouco a pouco visível, ele não conseguia formar a imagem a partir das impressões parciais assim obtidas. Se a pessoa tirava a folha de papel, então ele via a imagem como um todo e a reconhecia imediatamente. Se uma pessoa cobria uma palavra escrita ou impressa da mesma maneira, de forma que suas letras só fossem visíveis isolada e gradativamente, ele pronunciava todas as letras sequencialmente, mas no sentido inverso, a partir das imagens de objetos, nunca conseguia ler a palavra, pois quando chegava à última letra já tinha esquecido todas as precedentes.

Grashey explicou então o distúrbio de linguagem de seu doente a partir desse dano geral da percepção, sem precisar supor uma lesão localizada. Um objeto, ele esclarece, pode ser percebido pelo olho mesmo com um efeito momentâneo da luz. Uma imagem acústica precisa de um tempo mais longo para ser compreendida, pois ela é, para o nosso ouvido, um objeto que surge gradativamente. Se a duração da impressão obtida do objeto cai para 0,06 segundo, então ele ainda pode ser visto como um todo, enquanto nesse mesmo tempo a imagem acústica do mesmo só pode ser percebida em sua primeira letra. Imagem do objeto e imagem acústica, porém, não se correspondem parte por parte; se tomarmos a palavra *"Pferd"* [cavalo], o som do "P", por exemplo, não corresponde a nenhuma parte do objeto cavalo. A imagem acústica precisa estar pronta antes que possa experimentar uma relação com o objeto. "Portanto, se uma imagem acústica deve ser evocada a partir de uma imagem de objeto, então a imagem do objeto deve estar pronta e durar até que as partes isoladas da imagem acústica tenham surgido gradativamente. Se a duração da imagem pronta do objeto cavalo diminuir para o valor de 0,06 segundo, então a partir dessa imagem de objeto pode-se evocar no máximo uma única parte, uma letra da imagem acústica." "Se, inversamente, a imagem de um objeto tiver de ser evocada a partir de uma imagem acústica, então uma parte da imagem acústica que está se formando tampouco pode ativar uma parte da imagem do objeto, porque as partes dessas imagens não se correspondem. A imagem acústica precisa, na verdade, estar pronta e durar até que a imagem do objeto tenha surgido." Mas como a imagem do objeto precisa de apenas um momento para surgir, então ela aparece mesmo com a duração reduzida da imagem acústica.

"Vê-se, portanto," conclui Grashey, "que por meio de um mesmo distúrbio a transição das imagens de objetos para as imagens acústicas é alterada, mas a transição das imagens acústicas para as imagens do objeto não é alterada." Nós acrescentamos: sem suposição de uma lesão em qualquer via ou centro.

O doente de Grashey ainda se destacava por uma outra peculiaridade. Ele conseguia encontrar os nomes que lhe faltavam ao escrever, se pudesse ver o objeto enquanto escrevia. Ele olhava para o objeto e escrevia então a primeira letra do nome, lia-a e a pronunciava com firmeza, então olhava para o objeto de novo, escrevia a segunda letra, pronunciava as duas letras encontradas e continuava assim até que tivesse encontrado as últimas letras e, com isso, o nome procurado. Esse procedimento peculiar podia ser explicado satisfatoriamente a partir da curta duração de cada impressão, considerando-se que o ato de escrever e ler a letra encontrada era um recurso para fixar a impressão fugidia. Grashey pôde concluir a partir dessa observação, com razão, que as imagens acústicas, imagens escritas e de leitura correspondem parte por parte umas às outras, e que sua associação, portanto, ainda pode levar à descoberta da palavra mesmo que a duração de cada impressão sensorial tenha sido consideravelmente reduzida.

Com isso, parecia comprovado que há casos de afasia nos quais não é necessário se recorrer a uma lesão localizada, mas que, em sua peculiaridade, explicam-se pela alteração de uma constante fisiológica do aparelho de linguagem. A "afasia de Grashey" pôde ser radicalmente contraposta às afasias descritas por Wernicke e Lichtheim com base na localização de lesões, e surgiu a esperança de podermos explicar outras formas de "afasia amnésica" pela descoberta de outros fatores funcionais que não a redução da duração das impressões sensoriais.

No entanto, o próprio Wernicke[35] aniquilou esse significado fundamental da análise de Grashey com uma crítica perspicaz. Ele chama a atenção para o fato de que não ouvimos a imagem acústica como algo composto por letras. O som é um todo cuja segmentação em sons de letras só ocorre mais tarde na vida para que tenha consenso com a linguagem escrita. Wernicke tampouco deixou de notar que a concepção de Grashey estava sujeita a uma outra importante objeção. Se o doente devia compor o som da palavra a partir dos sons das letras, então sua audição não podia estar melhor que sua leitura, e ele deveria, assim, ser incapaz de compreender mesmo uma única palavra sem fixá-la por meio da escrita. Wernicke expressou essa objeção da seguinte forma: "O mesmo doente que, quando diversos objetos ou mesmo letras lhe são mostrados em sequência, sempre esquece o primeiro ao visualizar o segundo, pode ler com fluência, compreende tudo o que lhe é dito, consegue escrever palavras que lhe são ditadas. Para compreender uma palavra, uma frase, é preciso que o som de várias letras, no caso da frase o som de várias palavras, se mantenha na memória do paciente até que o sentido da frase tenha sido expressado de forma compreensível. Portanto, as imagens acústicas têm aqui uma duração muito mais longa que as imagens acústicas do objeto, e o distúrbio da memória está, de certa forma, localizado, na medida em que afetou preferencialmente a região óptica" (p.470).

Vimos que Wernicke não pode esclarecer o caso de Grashey a não ser por um distúrbio funcional localizado (portanto irregular). Porém, não posso concordar que o deslocamento desse distúrbio para a área óptica esclareça a peculiaridade da observação de Grashey. Lembremos, por exemplo, que Grashey provou diretamente a duração extraordinariamente curta também das imagens acústicas para seu caso. Além disso, se a duração das imagens acústicas não estivesse reduzida de forma decisiva, não se poderia entender para que o doente precisa da fixação das letras encontradas por meio da escrita e leitura.

Ele deveria conseguir chegar à imagem acústica inteira sem nenhum auxílio se renovasse a impressão do objeto com frequência suficiente.

Assim, o caso de Grashey demanda uma outra explicação, e espero que esta que será agora detalhada se mostre incontestável. A redução generalizada da duração das impressões sensoriais realmente não pode levar a um distúrbio da linguagem como esse aqui discutido. Rieger[36] estudou em detalhes um doente com um transtorno de memória bastante semelhante (também em consequência de um trauma), tendo dado a devida atenção ao seu distúrbio de linguagem. Esse doente tinha dificuldade em encontrar substantivos e adjetivos no fluxo do discurso e precisava de constante encorajamento para dizer o nome de um objeto que vira. Mas após uma longa pausa ele sempre encontrava a palavra buscada, e essa pausa não era utilizada para buscar a palavra soletrando-a: ela surgia repentinamente, como uma explosão (p.69). Para explicar o caso de Grashey, portanto, nós precisamos supor que, além do enfraquecimento generalizado da memória, havia um distúrbio localizado e deslocá-lo para o centro das imagens acústicas. Trata-se então do caso que Bastian descreve como segundo grau de excitabilidade reduzida, em que um centro não reage mais ao estímulo normal ("arbitrário"), mas ainda consegue funcionar por associação e a partir de estímulos sensíveis. O centro de imagens acústicas, no caso de Grashey, não consegue mais ser estimulado diretamente pelas associações com objetos, mas permite a retransmissão da excitação para a imagem de leitura associada à imagem acústica. A partir dela, durante o momento em que a excitação advinda do objeto visto exerce seu efeito, a primeira parte (letra) pode ser reconhecida, e por meio da repetição desse processo as restantes também podem ser reconhecidas. As letras da imagem de leitura assim compiladas despertam então a imagem acústica que não pudera ser despertada a partir das associações com o objeto. Minha explicação fundamenta-se sobretudo no fato de que o doente de Grashey sofria inicialmente de surdez verbal, ou seja, tinha uma ampla lesão no mesmo local que eu suponho ter sido atingido por uma lesão menor a fim de explicar os distúrbios descritos por Grashey. Além disso, eu também parto do princípio de que a parte acústica do aparelho de linguagem reagiu de forma solidária a essa lesão, conforme expliquei ao discutir a afasia motora transcortical.

Casos como o de Grashey, aliás, já eram conhecidos anteriormente. Um doente, cuja observação é relatada por Graves,[37] após um acidente vascular cerebral perdera a memória para substantivos e nomes próprios, mas lembrava-se com grande segurança das primeiras letras dos mesmos. Ele achou apropriado organizar uma lista em ordem alfabética dos substantivos mais usados, que ele carregava constantemente consigo e na qual apoiava-se para conseguir falar. Se precisava de uma palavra, buscava entre as letras iniciais, reconhecia a palavra procurada aparentemente pela imagem de leitura e então conseguia pronunciá-la enquanto mantivesse os olhos fixos na imagem de leitura. Assim que fechava a lista, ele esquecia de novo a palavra. Está claro que esse doente também dispunha das palavras através da associação por meio da imagem de leitura.

Não é raro observar na patologia dos distúrbios da linguagem casos em que a atividade de um centro precisa ser apoiada pela atividade associada de outro centro, quando deve ocorrer um desempenho de linguagem. Eles ocorrem mais frequentemente no centro visual (o local das imagens das letras), motivo pelo qual, nesses casos, a leitura é impossível se cada letra não for escrita ou desenhada no ar. Westphal foi o primeiro a comunicar a observação de um afásico que só "lia escrevendo". Nas novas lições de Charcot traduzidas por mim,[38] encontra-se a história clínica detalhada de outro doente com cegueira verbal que se servia da mesma estratégia. A patologia dos distúrbios da linguagem repete, com isso, simplesmente um estado que era normal durante o aprendizado das funções da linguagem. Enquanto ainda não conseguíamos ler fluentemente, todos nós procuramos assegurar o conhecimento das imagens da leitura despertando todas as suas outras associações. Da mesma forma, ao aprendermos a escrever nós estimulamos, além da imagem da leitura, também a representação do som e a sensação da inervação motora. A diferença está apenas no fato de que, ao aprendermos, estamos ligados à hierarquia estabelecida dos centros que assumiram suas funções em diferentes momentos (primeiro o acústico-sensorial, depois o motor, então o visual e por último o gráfico), enquanto nos casos patológicos é utilizado primeiro o centro que se conservou mais apto. A peculiaridade dos casos de Graves e Grashey só pode residir no fato de que aqui é justo o centro das imagens acústicas que precisa do apoio por parte de outros centros que normalmente dependem dele para suas atividades.

Mesmo que o estudo de Grashey, portanto, não tenha mantido o significado de esclarecimento da afasia amnésica com exclusão da localização que lhe foi conferido inicialmente, ele pode reclamar um valor duradouro, devido a várias descobertas paralelas. Ele retomou primeiro a relação real dos centros da linguagem entre si, a sua dependência do centro das imagens acústicas; Grashey foi o primeiro a nos fornecer uma ideia do curso complicado e muitas vezes desviado das associações realizadas no processo da linguagem, e por fim definiu indiscutivelmente, através da comprovação de que nunca se lê sem soletrar, o ponto de vista correto para a avaliação dos transtornos de leitura. Nesse último quesito, talvez possamos aventar uma restrição. É provável que, para certos tipos de leitura (sobretudo para certas palavras), a imagem de objeto da palavra inteira também contribua para o seu reconhecimento. Assim pode-se explicar que pessoas que estão cegas para todas as letras consigam mesmo assim ler seus nomes ou uma palavra que lhes seja muito habitual na forma impressa (a designação de uma cidade, de uma casa de saúde etc.) e que uma doente de Leube,[39] depois de ter se esforçado durante longo tempo sem sucesso para decifrar uma palavra, ocasionalmente a pronunciasse assim que ela fosse tirada de sua vista, ou seja, quando a oportunidade de decifrá-la não existia mais. Pode-se supor que a imagem do objeto da palavra impressa ou escrita, nesse meio-tempo, tenha se gravado nela de forma suficientemente profunda (explicação de Leube).

Nós PARTIMOS de uma concepção dos distúrbios da linguagem que pretendia explicar algumas formas de afasia exclusivamente pelos efeitos de lesões limitadas de vias e centros, enquanto atribuía uma outra série de afasias apenas a alterações funcionais no aparelho de linguagem. A exemplo da afasia motora transcortical, demonstrei que a explicação localizatória é inadmissível nesse caso e que aqui também devemos aceitar a hipótese de alterações funcionais. A partir da crítica ao caso de Grashey, por outro lado, concluímos que não se pode explicar as afasias amnésicas a não ser pela hipótese de uma lesão localizada. Nós encontramos um elemento conector entre as duas hipóteses contraditórias na ideia de que os centros do aparelho de linguagem reagem a lesões não diretamente destrutivas de forma solidária, com uma alteração funcional. Além disso, aceitamos como alterações da função conhecidas por nós os três graus de inexcitabilidade segundo Bastian: que um centro 1) não funciona mais, 2) funciona apenas após um estímulo sensível, 3) ainda funciona em associação com outro centro. Como agora quero encontrar em todo e qualquer caso de distúrbio da linguagem as consequências da interrupção de uma via além de uma modificação do estado funcional, tenho a tarefa de indicar segundo quais critérios devemos associar um sintoma de um distúrbio da linguagem a uma ou a outra dessas causas. Além disso, teria ainda de elaborar uma outra concepção dos distúrbios da linguagem que não esteja sujeita às objeções levantadas por mim.

V.

Nós vimos em um dos capítulos anteriores que a teoria do processo da linguagem de Wernicke teve como base uma hipótese bastante definida sobre o papel dos "centros" no córtex cerebral, e que a clínica dos distúrbios da linguagem não justifica certas expectativas que poderiam ser derivadas dessa hipótese. Isso nos leva a analisar essa teoria mais detalhadamente.

Devemos supor, a partir de Wernicke, que há determinados pontos (que no entanto não podem ser delimitados com exatidão) no córtex cerebral (por exemplo, o centro de Broca, o de Wernicke) em cujas células nervosas estão contidas de alguma forma as representações com as quais a função da linguagem trabalha. Essas representações são restos de impressões que chegaram à via dos nervos ópticos e acústicos, ou que surgiram durante os movimentos da linguagem como sensação de inervação ou percepção do movimento realizado. De acordo com sua origem em uma dessas fontes, elas ficam reunidas no córtex cerebral de forma que um local contém todas as "imagens acústicas da palavra" e outro, todas as "imagens do movimento da palavra" etc. A ligação entre esses centros corticais distintos é provida por meio de massas de fibras brancas (feixes associativos), e entre os centros há uma "região desocupada" do córtex cerebral, segundo a expressão de Meynert, "lacunas funcionais".[40]

Com essa última determinação nós saímos da linha de pensamento de Wernicke e a complementamos com um detalhe da teoria de Meynert. Wernicke, que nunca perdeu uma oportunidade de mencionar que sua teoria da afasia é apenas uma aplicação das amplas doutrinas de Meynert, de início preferiu, justamente no que diz respeito aos centros da linguagem, uma perspectiva um pouco diversa da dele. Em seu texto sobre o complexo de sintomas afásicos, ele ainda considerava a primeira circunvolução inteira em torno da fissura de Sylvius como centro da linguagem. Em seu manual sobre as doenças do cérebro, por outro lado, os centros da linguagem são apresentados como partes da primeira circunvolução frontal e da primeira circunvolução temporal (Fig. 7).

Parece-me oportuno abordar neste ponto o sistema teórico de Meynert sobre a estrutura e o desempenho cerebral. Minha apresentação do mesmo, assim como das objeções a serem levantadas contra ele, será apenas um esboço superficial e esquemático, sem fazer jus à grande relevância do objeto. Qualquer outra forma de apreciação, no entanto, estaria muito além do âmbito do presente trabalho, o qual deve tratar apenas da concepção dos distúrbios da linguagem. Mas como essa última não pode ser dissociada de uma concepção mais generalizada da atividade cerebral, vejo-me obrigado a no mínimo tocar na questão da significação do cérebro.

A teoria de Meynert sobre a estrutura do cérebro pode ser denominada "córtico-cêntrica". Em sua própria ampla interpretação das relações anatômicas, Meynert afirma que o córtex

FIG. 7

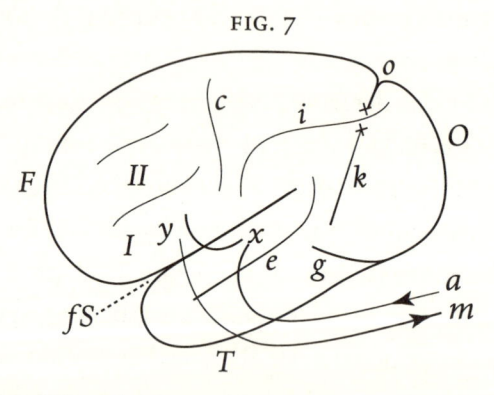

Segundo Wernicke, *Manual das doenças do cérebro*, vol.I, p.206, figura XX. Esquema do mecanismo cortical da linguagem.
F indica a extremidade frontal, *O* a extremidade da parte posterior do crânio, *T* a extremidade temporal de um hemisfério esquerdo, *FS* a fissura de Sylvius, *c* o sulco central, *g* o sulco occipital frontal, *i* o sulco interparietal, *k* o sulco occipital frontal, *o* o sulco parieto-occipital, *e* o sulco paralelo, *I-III* a primeira à terceira circunvolução frontal, xx circunvoluções transitórias, *x* o centro sensorial da linguagem, *y* o centro motor da linguagem, *xy* a via de associação entre os dois centros, *ax* a via do nervo acústico, *ym* a via da musculatura da linguagem.

cerebral, devido à exterioridade de sua posição, é próprio para a compreensão, para o recebimento de todas as impressões sensoriais.[41] Além disso, ele o compara a um ser protoplasmático composto que recobre um corpo cujos componentes quer assimilar, transformando-se em uma cavidade.[42] Todo o restante do cérebro aparece como apêndice e órgão auxiliar do córtex cerebral, o corpo inteiro como uma armadura de suas antenas e tentáculos, os quais lhe garantem as condições para que registre a imagem do mundo e aja sobre a mesma.

Todos os sistemas de fibras do cérebro levam ao córtex cerebral ou partem dele. Todas as massas cinzentas são interrupções dessas massas de fibras a caminho do cérebro. A medula espinal deriva-se do córtex cerebral através de uma origem dupla revelada por um corte transversal na região dos pedúnculos cerebrais. O chamado pé do pedúnculo cerebral contém as vias que transmitem os impulsos de movimento do córtex cerebral para a periferia, assim como as vias que intermedeiam a recepção de impressões sensoriais, levando-as ao córtex cerebral. Dessa forma, o pé do pedúnculo realiza uma projeção do corpo, na medida em que este último está submetido a uma dependência direta do córtex cerebral.[43] O chamado tegumento do pedúnculo cerebral, por sua vez, leva ao córtex cerebral o conhecimento de conexões referentes a reflexos na medula espinal e no tronco cerebral e, com isso, o primeiro estímulo para impulsos de movimentos próprios. As massas cinzentas do tronco cerebral, como os colículos quadrigêmeos e o tálamo, devido à sua ligação concomitante com os cordões da medula espinal e a amplas superfícies sensoriais, são componentes do aparelho refletor que está ligado ao córtex cerebral pelo tegumento, ou elas interrompem (núcleo lentiforme–corpo estriado), como gânglios do pé dos pedúnculos cerebrais, a via direta cerebral. Especialmente a via motora, que sujeita a musculatura corporal à influência do córtex cerebral, vai do córtex até a periferia em três seções (membros do sistema de projeção) separadas por três nódulos cinzentos (núcleo lentiforme–núcleo caudado e substância cinzenta do corno anterior). Na ponte ela encontra, ademais, por meio da substância cinzenta do núcleo pôntico e dos feixes fibrosos "piramidais", uma ligação com o cerebelo, que de outro modo fica de fora do plano cerebral de Meynert.

Mas como se estrutura então a reprodução do corpo no córtex cerebral, que está ligado à periferia por essas vias? Meynert denomina essa reprodução de "projeção" e alguns de seus comentários nos permitem concluir que ele realmente supõe que ocorre uma projeção, ou seja, uma reprodução ponto por ponto, do corpo no córtex cerebral. É nesse sentido que aponta, por exemplo, a comparação tão frequente do córtex cerebral com a retina ocular, um órgão terminal cuja substância nervosa foi denominada por vários autores como uma "porção de massa cerebral cinzenta deslocada para adiante", enquanto a mesma deveria, na verdade, corresponder morfologicamente a um pedaço da massa cinzenta da medula espinal. Além disso, alguns comentários favorecem a compreensão do termo "projeção" no sentido literal, como: "No entanto, é altamente improvável que cada um dos feixes do pedúnculo cerebral que representa diversas massas musculares e superfícies da pele, glândulas e vísceras ... se distribua de forma suficientemente ampla para estar representado por projeção em toda a superfície do cérebro."[44] Ou: "Um corte transversal através do pedúnculo cerebral praticamente abrange todo o organismo, que seria apenas cego e incapaz de sentir cheiros."[45] Ao mesmo tempo, outros desenvolvimentos da teoria de Meynert contradizem essa hipótese em tal medida que não me atrevo a combatê-la e a classificá-la como sendo sua. Por outro lado, nós não estaremos cometendo um engano se partirmos do pressuposto de que Munk e outros pesquisadores que têm Meynert como base defendem mais ou menos claramente a ideia de uma reprodução completa e topograficamente semelhante do corpo no córtex cerebral.

Agora eu posso então chamar a atenção para o fato de que os novos conhecimentos da anatomia cerebral corrigiram a concepção de Meynert da estrutura do cérebro em partes relevantes, questionando assim o papel atribuído por ele ao córtex cerebral. Essas correções estão associadas justamente ao percurso da via mais significativa e mais conhecida do córtex cerebral até a musculatura do corpo. Primeiro foi eliminada a concepção do corpo estriado como um gânglio nervoso que interrompe a via motora. Os clínicos, principalmente Charcot, demonstraram que uma lesão do mesmo deve sua influência sobre a motilidade apenas à sua proximidade da chamada cápsula interna, enquanto lesões do gânglio nervoso que não influenciam a cápsula interna não são capazes de causar paralisia. Wernicke[46] demonstrou então que a esse chamado gânglio do pedúnculo cerebral falta qualquer ligação substancial com o córtex cerebral. Com isso, o primeiro internódio foi arrancado do percurso da via de projeção de Meynert. O estudo da formação assíncrona da bainha de mielina confirmou essa concepção e trouxe uma nova lacuna à concepção de Meynert da estrutura do cérebro. Flechsig pôde provar que a via motora do córtex cerebral até a musculatura realmente passa, sem interrupções, da substância cinzenta do córtex para dentro do pedúnculo cerebral através da cápsula interna, e que ela não realiza nenhuma ligação com o cerebelo na ponte. Considero agora a via piramidal uma ligação direta entre a substância cinzenta do corno anterior e a substância cinzenta do córtex. Com isso o entrelaçamento do cerebelo com a via motora citado por Meynert é abandonado. Dentre as grandes massas subcorticais, só pertence ainda ao córtex cerebral o tálamo óptico, o qual se degenera também no caso de um defeito congênito do lobo cerebral, enquanto o corpo estriado permanece intacto em caso de defeito cerebral, mas se atrofia se houver uma degeneração congênita do cerebelo.[47] Assim, uma parte imensa de substância cerebral (corpo estriado–ponte–cerebelo) contrapõe-se ao cérebro como órgão de função desconhecida, não sem ligação abundante com o cérebro, mas bastante independente dele funcionalmente e em termos da história de seu desenvolvimento. A interpretação de Meynert dos dois níveis do pedúnculo cerebral, consequentemente, não pode mais ser sustentada, mas tampouco foi substituída por nenhuma outra até agora. Se falamos de uma origem dupla da medula espinal, só podemos querer dizer uma origem no cérebro–tálamo e uma origem no corpo estriado–cerebelo. A estrutura completa do cérebro parece ser a culminação em dois aparelhos centrais, dos quais o córtex cerebral representa o mais jovem, enquanto o mais velho, o gânglio cerebral frontal, parece ter mantido parte de sua função. Um outro importante componente da teoria de Meynert, a hipótese de uma via duplamente sensível, uma direta e uma reflexiva, também parece perder sua força. Nossas experiências até agora nos ensinam que nenhum percurso fibroso chega a outras partes do cérebro sem ter se conectado com a substância cinzenta da medula espinal ou com formações análogas, e que as vias reflexivas sempre partem diretamente das sensíveis.

Se assim a posição dominante do córtex cerebral parece abalada, surgindo a necessidade de situar alguns processos anteriormente considerados subcorticais no próprio córtex cerebral, então surge também a questão sobre de que forma o corpo é reproduzido no córtex cerebral. Eu acredito ser possível demonstrar que pode ser rejeitada a hipótese de uma projeção do corpo no córtex cerebral, no sentido literal da palavra, a qual deve ser compreendida como uma imagem completa e topograficamente semelhante.

Para tanto, parto de um ponto de vista que Henle também assumiu ao considerar essa questão, o da redução de fibras por massas cinzentas. Pois se compararmos a soma das fibras que entram na medula espinal com a dos cordões brancos que saem da medula espinal para ligá-la com partes superiores do cérebro, então evidencia-se que a última soma é apenas uma fração da primeira. Segundo uma contagem de Stilling, em um caso 807.738 fibras das raízes nervosas correspondiam a apenas 365.814 fibras em corte transversal da medula cervical superior. As relações da medula espinal com o corpo, portanto, são diferentes das relações das massas cinzentas superiores. Somente na medula espinal (assim como nas substâncias análogas a ela) existem as condições para uma projeção sem lacunas da periferia do corpo. A cada unidade periférica de inervação pode corresponder, na medula espinal, um pedaço de substância cinzenta, ou, no caso mais extremo, um único elemento central. Como consequência da redução das fibras projetoras pela substância cinzenta da medula espinal, um elemento de cada substância cinzenta superior não pode mais corresponder a uma unidade periférica, mas deve corresponder a várias delas. Isso se aplica também para o córtex cerebral, e por isso é aconselhável se diferenciar essas duas espécies de reprodução central também com nomes diferentes. Se a reprodução na substância cinzenta da medula espinal se chama projeção, então talvez seja adequado se denominar a reprodução no córtex cerebral de representação e dizer que a periferia do corpo não está contida parte por parte no córtex cerebral, mas representada, em uma divisão menos detalhada, por fibras selecionadas.

Esse pensamento até então tão simples adquire agora uma outra versão e um novo rumo por meio dos comentários a seguir:

As fibras do corte transversal da medula cervical superior não estão todas destinadas à ligação com o córtex cerebral. Uma porção não pequena das mesmas (vias curtas) vai se exaurir até a extremidade da substância cinzenta superior entre os núcleos nervosos da medula oblonga, uma outra porção chega ao cerebelo. Só posso afirmar com certeza acerca da via piramidal que ela chega à substância cinzenta do córtex com a mesma força com que existe na medula cervical, e essa via é certamente uma continuação bastante reduzida das fibras que, a partir dos músculos corporais, chegaram à medula espinal por meio das raízes frontais. A redução das fibras projetoras, por outro lado, não é tão grande quanto parecia na última consideração, pois, por exemplo, para as fibras do cordão posterior que certamente não chegam ao córtex cerebral como tal, esse último incorpora as fibras do lemnisco, as quais finalmente representam o cordão posterior no cérebro após diversas interrupções nos núcleos do cordão posterior, nas massas cinzentas da medula oblonga e do tálamo. Não se sabe se as fibras desfiadas do lemnisco alcançam o número de fibras do cordão posterior, provavelmente elas são em número bem menor que as desse último. Além disso, o cérebro recebe fibras vindas do cerebelo, nas quais poderíamos ver um equivalente à origem da medula espinal no cerebelo; assim, apesar de tudo, ainda é duvidoso se, afinal, não chega ao córtex cerebral – mesmo que por atalhos – a mesma quantidade ou mais fibras da periferia que as necessárias à projeção na medula espinal.

Aqui, no entanto, há ainda um outro ponto interessante que não aparece com clareza suficiente na explicação de Meynert. Para ele, que destaca no curso das fibras principalmente o fato da ligação cortical, uma fibra ou uma massa de fibras continua a mesma, por mais que tenha atravessado muitas substâncias cinzentas. A forma como ele se expressa indica isso: "A fibra passa por uma substância cinzenta." Isso naturalmente suscita a ideia de que nada teria se alterado na fibra em seu longo caminho até o córtex, além do fato de ter entrado em várias possibilidades de ligação.

Nós não podemos mais sustentar essa visão. Quando vemos como a formação da bainha de mielina ocorre por partes no curso do desenvolvimento individual de uma substância cinzenta para a outra, e como três ou mais continuações partem de uma substância cinzenta para uma via aferente, as substâncias cinzentas, e não mais os feixes de fibras, nos parecem ser os únicos órgãos do cérebro. Se acompanharmos uma via sensível (centrípeta), até onde ela nos é conhecida, e reconhecermos como principal característica da mesma a interrupção mais frequente possível nas substâncias cinzentas e uma ramificação através das mesmas,[48] precisamos aceitar a ideia de que uma fibra, em seu caminho até o córtex cerebral, modifica seu significado funcional sempre que emerge de uma substância cinzenta. Tomemos um dos exemplos esclarecidos por nós: uma fibra do nervo óptico dirige uma impressão retiniana até o colículo quadrigêmeo frontal, no qual ela encontra um término temporário,[49] e em seu lugar uma outra fibra parte da substância do gânglio até o córtex occipital. Na substância do colículo quadrigêmeo, porém, ocorreu a ligação da impressão retiniana com uma percepção do movimento do músculo ocular; assim, é bastante provável que as novas fibras entre o colículo quadrigêmeo e o córtex occipital não transmitam mais uma impressão retiniana, mas uma combinação de uma ou mais dessas impressões com as percepções de movimentos. Essa modificação do significado das fibras deve ser ainda mais complicada para os sistemas de condução da sensibilidade da pele e dos músculos. Ainda não temos ideia de quais elementos se reúnem aqui para o novo conteúdo do estímulo transmitido.

Vejo apenas evidências de que as fibras que chegam ao córtex cerebral após ultrapassarem as substâncias cinzentas ainda mantêm uma relação com a periferia do corpo, mas não podem mais fornecer uma imagem topicamente semelhante do mesmo. Elas contêm a periferia do corpo, assim como – tomando um exemplo emprestado do tema aqui tratado – um poema contém o alfabeto, em uma reordenação que serve a outros fins, em combinação variada de cada elemento tópico, sendo que um deles pode estar representado várias vezes, e outros podem nem estar representados. Se pudéssemos acompanhar em detalhes essa nova ordem, que vai da projeção espinal até o córtex cerebral, então provavelmente descobriríamos que o seu princípio é puramente funcional, e que os fatores tópicos só são mantidos se coincidirem com as demandas da função. Como nada indica que essa reordenação é revertida no córtex cerebral para gerar uma projeção topograficamente completa, então podemos supor que a periferia do corpo está contida nas partes superiores do cérebro, assim como no córtex cerebral, não mais de forma tópica, mas apenas funcional. O experimento com animais, no entanto, provavelmente não deve revelar esse fato, já que só pode mostrar uma relação tópica. Penso, porém, que quem busca seriamente no córtex cerebral um centro do músculo extensor longo do polegar, do músculo reto interno ocular ou da sensibilidade de um ponto específico da pele interpreta erroneamente tanto a função dessa parte do cérebro quanto a complexidade das condições que essa função pressupõe.[50]

Após esse desvio, vamos retomar a concepção da afasia, lembrando-nos de que, com base na teoria de Meynert, surgiu a hipótese de que o aparelho de linguagem seria composto de centros corticais distintos em cujas células estão contidas as representações-palavras, centros esses que são separados por regiões corticais sem função e ligados por fibras brancas (feixes associativos). Agora podemos primeiramente questionar se uma hipótese dessa espécie, que encerra as representações em células, é correta e aceitável. Eu creio que não.

Em comparação com a tendência de épocas anteriores da medicina a localizar habilidades psíquicas (como o jargão da psicologia as delimita) em determinadas regiões do cérebro, deve ter parecido uma grande evolução quando Wernicke declarou que só se podia localizar os elementos psíquicos mais simples, cada uma das representações sensoriais, na terminação central do nervo periférico que recebeu a impressão. Mas será que, no fundo, não estamos em princípio cometendo o mesmo erro ao tentarmos localizar um conceito complicado, uma atividade psíquica ou um elemento psíquico? Será justificável imergir a extremidade de uma fibra nervosa, que durante todo seu percurso esteve sujeita apenas a uma estrutura fisiológica e a modificações fisiológicas, no psíquico e prover essa extremidade com uma representação ou um quadro mnêmico? Se a "vontade", a "inteligência" e afins são reconhecidos como termos construídos pela psicologia aos quais correspondem relações bastante complicadas no mundo fisiológico, será que sabemos então com maior certeza, a respeito da "simples representação sensorial", que ela é algo diferente de um desses termos construídos?

A cadeia dos processos fisiológicos no sistema nervoso provavelmente não tem uma relação de causalidade com os processos psíquicos. Os processos fisiológicos não terminam simplesmente onde os psíquicos se iniciaram. Na verdade, a cadeia fisiológica continua, só que cada membro da mesma (ou alguns membros individuais) corresponde, a partir de um dado momento, a um fenômeno psíquico. Com isso, o processo psíquico é um processo paralelo ao fisiológico (*"a dependent concomitant"*).

Eu certamente sei que não posso esperar dos homens cujas visões eu contesto aqui que tivessem realizado esse salto e essa mudança de perspectiva científica sem reflexão. Eles evidentemente não querem dizer outra coisa senão que a modificação das fibras nervosas – pertencente à fisiologia – no momento do estímulo sensorial gera uma outra modificação na célula nervosa central, a qual então se torna o correlato fisiológico da "representação". Como eles têm muito mais a dizer sobre a representação do que sobre as modificações desconhecidas, ainda nem mesmo caracterizadas, servem-se da expressão elíptica: na célula nervosa está localizada uma representação. Só que essa simples substituição leva também, imediatamente, a uma confusão das duas coisas, que não precisam ter nenhuma semelhança entre si. Na psicologia, a representação simples é para nós algo elementar que podemos distinguir muito bem de suas ligações com outras representações. Assim chegamos à hipótese de que o seu correlato fisiológico, a modificação, a qual parte da fibra nervosa excitada que termina no centro, também é algo simples que pode ser localizado em um ponto. Uma transposição como essa é, claro, totalmente injustificada. As características dessa modificação precisam ser determinadas por si próprias e independentemente de seu contraponto psicológico.[51]

Qual é então o correlato fisiológico da representação simples ou da representação que retorna em seu lugar? Aparentemente nada em repouso, mas algo que tenha a natureza de um processo. Esse processo tolera a localização, ele parte de um ponto especial do córtex cerebral e se expande, a partir dele, para todo o córtex ou ao longo de caminhos especiais. Quando esse processo se completa, ele deixa uma modificação no córtex cerebral afetado por ele, a possibilidade da lembrança. É bastante duvidoso que essa modificação também corresponda a algo psíquico; nossa consciência não indica nada que justifique o nome "imagem mnêmica latente" do lado psíquico. Porém, sempre que esse mesmo estado do córtex for estimulado de novo, o psíquico ressurge como imagem mnêmica. Certamente não temos a mínima ideia de como a substância animal pode conseguir realizar modificações tão diversas sem misturá-las. A prova de que ela consegue, no entanto, está nos espermatozoides nos quais as mais diversificadas e detalhadas dessas modificações estão disponíveis.

Mas será que é possível se diferenciar, no correlato fisiológico da sensação, a parte da "sensação" da parte da "associação"?
Aparentemente, não. "Sensação" e "associação" são dois nomes
que damos a visões diferentes do mesmo processo. Nós sabemos, no entanto, que ambos os nomes foram abstraídos de um
processo homogêneo e indivisível. Não podemos ter uma sensação sem associá-la imediatamente. Mesmo que as separemos
com exatidão em termos conceituais, na verdade as duas estão
ligadas a um único processo que, iniciando-se em um ponto do
córtex, se difunde por todo ele. Portanto, a localização do correlato fisiológico é a mesma para a representação e a associação,
e como a localização de uma representação não significa nada
além da localização de seu correlato, precisamos rejeitar a ideia
de posicionar a representação em um ponto do córtex cerebral e
a associação em outro. Na verdade, ambas partem de um ponto
e não se encontram em repouso em nenhum ponto.

Com essa rejeição de uma localização separada para a representação e a associação das representações, o principal motivo
para diferenciarmos entre centros e vias condutoras da linguagem deixa de existir. Em todo ponto do córtex que sirva à função da linguagem devem ser pressupostos processos funcionais
semelhantes, e nós não temos necessidade de recorrer a massas
de fibras brancas para as quais a associação das representações
presentes no córtex tenha sido transferida. Temos mesmo o
resultado de uma autópsia que nos comprova que a associação
das representações ocorre através das vias presentes no próprio
córtex. Mais uma vez refiro-me ao caso de Heubner, do qual
já extraímos uma importante lição (cf. p.35-6).

O doente de Heubner apresentava aquela forma do distúrbio da linguagem que Lichtheim classifica como afasia senso-

rial transcortical e atribui à interrupção das vias que vão do centro sensorial da linguagem para as associações conceituais. Sendo assim, segundo a teoria do distúrbio da linguagem aqui discutida, seria de se esperar um adoecimento na medula abaixo do centro sensorial. Em vez disso, foi encontrado um amolecimento do córtex superficial que separou o centro sensorial, normalmente intacto (também em sua função), da maioria de suas ligações corticais fora da região da linguagem. Heubner não deixa de destacar a importância dessa descoberta, e Pick[52] chega, a partir dela, à mesma conclusão que nós: que as vias de associação da linguagem parecem passar pelo próprio córtex. Aliás, não preciso contestar que feixes de associação que passam por baixo do córtex também podem contribuir para a mesma função.

Nossa ideia do aparelho de linguagem experimentará uma mudança fundamental se ainda considerarmos a terceira determinação da teoria de Meynert-Wernicke, ou seja, a de que os centros da linguagem em funcionamento são separados por "lacunas sem função". Essa determinação, como resultado imediato da anatomia patológica, parece inicialmente inquestionável. No entanto, se nos debruçarmos sobre a forma como os centros distintos foram deduzidos a partir dos resultados da autópsia, percebemos que a anatomia patológica é incapaz de decidir essa questão. Tomemos, por exemplo, o quadro no qual Naunyn registra a dimensão da lesão em 71 casos de distúrbios da linguagem. Nos locais onde as lesões se superpõem mais densamente, nós supomos estarem localizados os centros de linguagem. Esses são por definição áreas cuja conservação é indispensável para o exercício da função da linguagem. No entanto, pode haver outras áreas do córtex que também sirvam à função da linguagem, mas cuja destruição pode ser mais facilmente suportada por ela. Se essas áreas do córtex realmente existem, nós não podemos descobri-las por meio do estudo do quadro de Naunyn. Pode ser que o distúrbio da linguagem decorra de uma lesão em outros locais apenas por influência remota exercida por essas lesões sobre os centros de linguagem. Mas também é possível que os locais mais raramente ocupados no quadro também sejam "centros de linguagem", só que não indispensáveis ou constantes.

Por isso, o melhor é nos dedicarmos à questão sobre qual papel é atribuído pelos autores à região cortical sem função situada entre e ao lado dos centros de linguagem.

Meynert faz referência direta à mesma: "A partir disso, conclui-se naturalmente que, no decorrer fisiológico da ocupação do córtex cerebral por imagens mnêmicas, ocorre uma ampliação crescente da ocupação de células corticais na qual se baseia o desenvolvimento do escopo de interesses da criança por meio da multiplicação de imagens mnêmicas. É bastante provável que seja imposto à memória, como base de todo desempenho intelectual, um limite de receptividade pelas células do córtex" (*Psychiatrie*, p.140). Essa última frase podemos certamente interpretar no sentido de que não apenas o desenvolvimento da criança, mas também a aquisição de conhecimentos futuros (por ex. a aprendizagem de uma nova língua) tenha como base a ocupação da superfície até então desocupada do córtex, como uma cidade cresce por meio da ocupação de trechos fora do muro que a contorna.

Em uma observação anterior, Meynert tinha atribuído àquelas regiões adjacentes aos centros, mas desocupadas, o papel de reassumir a função dos centros após a sua destruição experimental ou por outro motivo. Uma visão que se apoia em experimentos de Munk, pesquisador cujas premissas definitivamente têm suas raízes na teoria de Meynert. Assim, sabemos agora com que intenção surgiu a hipótese das "lacunas sem função" no córtex cerebral e podemos começar a avaliar sua utilidade para a compreensão dos distúrbios da linguagem. Acredito que ocorre justamente o oposto daquilo que se esperaria com base nessa hipótese. A função da linguagem apresenta os mais admiráveis exemplos de novas aquisições. A própria aprendizagem da leitura e da escrita é uma nova aquisição em relação à atividade linguística primária, e essa aquisição realmente pode ser prejudicada por novas localizações da lesão, pois ela envolve novos elementos sensoriais (os ópticos e os quiromotores). Todas as outras novas aquisições da função da linguagem – se eu então aprender a compreender e falar várias línguas estrangeiras, se eu aprender, além do alfabeto fonético primeiramente aprendido, o alfabeto grego e o hebraico e exercitar, além de minha escrita cursiva, ainda a estenografia e outras formas de escrita –, todos esses desempenhos (e as imagens mnêmicas a serem utilizadas para eles podem superar muito em quantidade as da língua original) estão aparentemente localizados nos mesmos locais que conhecemos como centros da primeira língua aprendida. Pois nunca acontece que surja um distúrbio da língua materna devido a uma lesão orgânica que não afete uma língua aprendida posteriormente. Se os sons das palavras francesas estivessem localizados em um local diferente do das palavras alemãs na cabeça de um alemão que entende também o francês, então deveria acontecer alguma vez, como consequência de um foco de amolecimento, que o alemão não compreendesse mais alemão mas ainda compreendesse francês. Mas sempre ocorre o oposto disso, e isso para todas as funções da linguagem. Se eu observar todos os casos em questão (infelizmente não numerosos o suficiente em relação ao seu interesse), encontro apenas dois elementos que determinam o surgimento do distúrbio da linguagem em um multilíngue: 1) a influência da idade da aquisição; 2) a influência da prática. Via de regra, os dois fatores têm efeitos no mesmo sentido; quando eles se opõem, notavelmente a habilidade linguística adquirida primeiro pode sobreviver mesmo àquela mais praticada. Mas nunca há uma relação que possa ser explicada por uma localização diferente e não pelos dois fatores funcionais mencionados. Está bastante evidente que as associações de linguagem com as quais nossa capacidade linguística trabalha são capazes de uma superassociação cujo processo nós ainda percebemos claramente enquanto realizamos as novas associações apenas com dificuldade, e que a superassociada, não importa onde esteja a lesão, tende mais a ser prejudicada do que a linguagem primariamente associada.

O quanto uma modificação rara mas intensa do aparelho de linguagem – em total desacordo com todos os pontos de vista da localização de representações – persiste no caso de um dano não pode ser depreendido de forma mais expressiva do que do exemplo a seguir, que tomo emprestado de Hughlings Jackson. Esse pesquisador, a cujas opiniões eu recorri em quase todas as observações supra para, com sua ajuda, contestar a teoria localizatória dos distúrbios da linguagem, discute o caso não raro em que afásicos motores, além do "sim" e "não", dispõem de outro resto de linguagem que corresponderia a um desempenho linguístico elevado. Esse resto de linguagem consiste não raramente em uma forte imprecação (*Sacré nom de dieu,*

Goddam etc.), e Hughlings Jackson esclarece que essa é parte, também em pessoas saudáveis, da linguagem emocional e não da intelectual. Em outros casos, porém, esse resto de linguagem não é uma imprecação, mas uma palavra ou uma expressão de significado restrito, e podemos nos admirar, com razão, que justamente essas células ou essas imagens mnêmicas tenham escapado à destruição geral. Alguns desses casos, no entanto, permitem uma interpretação bastante plausível. Por exemplo, um homem que só conseguia dizer *"I want protection"* (algo como: Eu peço ajuda*) devia sua afasia a uma briga na qual perdera a consciência após uma pancada na cabeça. Um outro tinha o estranho resto de linguagem *"List complete"* [lista completa]. Era um registrador atingido pela doença depois de ter terminado um catálogo em um trabalho exaustivo. Esses exemplos sugerem a hipótese de que esses restos de linguagem são as últimas palavras que o aparelho de linguagem formara antes de adoecer, talvez já pressentindo o seu surgimento. Eu gostaria de explicar a conservação dessa última modificação pela sua intensidade, se ela ocorre em um momento de grande excitação interna. Eu me lembro que duas vezes acreditei estar correndo risco de vida, sendo que essa percepção, nas duas vezes, ocorreu repentinamente. Em ambos os casos, eu pensei: "Agora é o teu fim", e enquanto minha fala interna normalmente acontecia apenas com imagens acústicas indistintas e sensações labiais um pouco mais intensas, eu ouvi, em perigo, essas palavras como se alguém as estivesse gritando em meu ouvido, e concomitantemente vi-as como se estivessem impressas em um pedaço de papel esvoaçante.

---

* Tradução da interpretação feita pelo autor no original. (N.T.)

Assim, rejeito as hipóteses de que o aparelho de linguagem seja composto de centros especiais separados por regiões corticais sem função e de que em determinados pontos do córtex, os quais seriam chamados de centros, estejam armazenadas as representações (imagens mnêmicas) que servem à linguagem, enquanto sua associação é providenciada exclusivamente por massas de fibras brancas sob o córtex. Então resta-nos apenas anunciar o ponto de vista de que a área da linguagem do córtex é uma área cortical coesa dentro da qual as associações e transferências em que as funções da linguagem se baseiam ocorrem com uma complexidade que desafia a compreensão.

Mas como explicar então, com base nessa hipótese, a existência dos centros de linguagem que a patologia nos revelou, principalmente os centros de Broca e de Wernicke? Aqui, a observação da superfície convexa do hemisfério esquerdo pode ser esclarecedora. Os chamados centros da linguagem apresentam relações associadas à sua posição que demandam uma interpretação que pode ser encontrada com base em nossas teses. Eles estão distantes uns dos outros. Se seguirmos Naunyn: na parte posterior da primeira circunvolução temporal, na parte posterior da terceira circunvolução frontal, no lobo temporal inferior onde o giro angular passa para o lobo occipital. O local de um quarto centro para os movimentos da escrita parece não estar suficientemente esclarecido (parte posterior da circunvolução frontal central?). Além disso, eles estão localizados de forma que acomodam entre si uma grande área cortical cuja lesão provavelmente sempre está associada a um distúrbio da linguagem (a ínsula com as porções de circunvolução que a cobrem). E embora não seja possível delimitar exatamente sua extensão segundo a composição das lesões encontradas nos casos de afasia, pode-se dizer que elas formam as áreas mais externas da área da linguagem suposta por nós, e que o distúrbio da linguagem ocorre para dentro a partir dos centros (contra o ponto central do arco do hemisfério), enquanto do lado de fora deles ficam partes corticais com outro significado. Se esses "centros" aparecem como as arestas do campo da linguagem, então deve-se ainda considerar a que outras áreas externas esses centros são adjacentes. O centro de Broca fica bastante próximo dos centros motores dos nervos bulbares. O centro de Wernicke fica em uma região que inclui a extremidade do nervo acústico, cuja localização exata não é conhecida, e o centro visual é adjacente ao local do lobo occipital no qual procuramos a extremidade do nervo óptico. Essa disposição, irrelevante segundo a teoria dos centros, explica-se para nós da forma que se segue.

A região da associação da linguagem na qual penetram os elementos ópticos, acústicos e motores (ou cinestésicos) estende-se justamente por isso entre os campos corticais desses nervos sensoriais e os correspondentes campos corticais motores. Imaginemos então uma lesão móvel nesse campo de associação: ela terá maior efeito (com a mesma extensão) quanto mais se aproximar de um dos campos corticais, ou seja, quanto mais periférica estiver na área da linguagem. Se tocar diretamente um desses campos corticais, então ela vai interromper um dos suprimentos da região de associação da linguagem; o elemento óptico, acústico etc. vai faltar ao mecanismo da linguagem, já que todo estímulo associativo dessa natureza partiu do campo cortical correspondente. Se a lesão for deslocada mais para a parte interna do campo de associação, então seu efeito será indistinto. Ela não poderá, em nenhuma hipótese, eliminar todas as possibilidades de associação de uma espécie. Dessa forma, as partes do campo da linguagem adjacentes aos campos corticais dos nervos óptico, acústico e dos nervos cerebrais motores adquirem a importância que a patologia lhes atribui e que fez com que fossem classificados como centros da linguagem. Essa importância, no entanto, aplica-se apenas à patologia e não à fisiologia do aparelho de linguagem, pois não se pode afirmar que neles ocorrem processos diversos ou mais importantes do que naquelas partes do campo da linguagem cuja lesão é mais bem suportada. Esse ponto de vista é consequência direta da recusa de separar o processo da representação daquele da associação e de localizar ambos os processos em locais diferentes.

Wernicke aproximou-se um pouco desses pontos de vista quando, em suas últimas declarações sobre esse tema, questionou a legitimidade de se supor centros especiais para a leitura dentro da extremidade cortical óptica e, para a escrita, dentro da chamada região motora do braço (1ª cit. p.477). No entanto, suas objeções não são de natureza fundamental, na medida em que resultam em uma simples modificação anatômica, ou seja, a de que as imagens mnêmicas ópticas e quiromotoras, importantes para a linguagem, estão distribuídas dentro de outras da mesma natureza. Por outro lado, Heubner, ao apreciar o caso que comunicou, foi impelido a um questionamento análogo ao questionamento tratado por nós relativo à linguagem: "Ou será que não há campos corticais para a cegueira, a surdez e a paralisia psíquica? Será que o sintoma dessas condições não surge, na verdade, apenas pelo fato de os campos corticais que servem diretamente às funções mencionadas terem seu acesso ao restante do córtex cerebral barrado devido a focos de amolecimento próximos?"

Nós AINDA TEMOS de resolver duas considerações que poderiam se voltar contra o valor de nossa concepção dos centros.

1) Se a destruição da parte da área da linguagem que toca diretamente um campo cortical (do nervo óptico, acústico, da mão, língua etc.) tem as consequências aqui descritas para a função da linguagem apenas porque, com isso, a ligação com os estímulos associativos ópticos, acústicos e outros foi interrompida, então a destruição desses campos corticais deveria ter a mesma consequência para a linguagem. Isso, no entanto, contradiria diretamente nossas experiências que comprovam os sintomas locais de todas as lesões desse tipo sem distúrbios da linguagem. Essa primeira objeção resolve-se facilmente se considerarmos que todos os outros campos corticais existem nos dois hemisférios; o campo de associação da linguagem, porém, só está organizado em um hemisfério. A destruição de um campo cortical óptico, por exemplo, não vai prejudicar a utilização dos estímulos visuais para a linguagem (a leitura) porque o campo da linguagem mantém a ligação estabelecida (dessa vez através de fibras brancas cruzadas) com o campo cortical óptico do outro hemisfério. Mas se a lesão se aproximar do limite do campo cortical óptico, então há alexia, porque não apenas a ligação com o campo cortical óptico do mesmo lado, mas também a cruzada pode estar interrompida. Assim, nós temos de acrescentar a hipótese de que a aparência dos centros surge também pelo fato de que as ligações cruzadas dos campos corticais do outro hemisfério ocorrem no mesmo local onde ocorre a ligação com os campos corticais do mesmo lado, ou seja, na periferia do campo da linguagem. Isso é plausível, pois a dupla existência de estímulos ópticos, acústicos e outros não tem nenhum significado fisiológico para a realização da associação da linguagem.

Aliás, essa hipótese não é nova, mas sim emprestada da teoria dos centros, de que existem essas ligações da região da linguagem com os campos corticais nos dois hemisférios. As relações anatômicas dessa associação cruzada, aliás, ainda não estão esclarecidas e poderão explicar, quando conhecidas, algumas peculiaridades quanto à posição e à extensão dos centros aparentes, assim como algumas características individuais dos distúrbios da linguagem.

2) Seria possível questionar qual o valor de contestarmos a existência de centros especiais para a habilidade da linguagem se somos forçados a falar em campos corticais, ou seja, de centros, dos nervos óptico, acústico e dos órgãos motores da linguagem? Nesse ponto, podemos retrucar que pontos de vista semelhantes poderiam ser repetidos também para os outros chamados centros sensoriais e motores, mas que não se pode contestar a existência de campos corticais, mesmo aqueles mais bem delimitados, para as outras funções porque eles podem ser caracterizados anatomicamente pela presença da extremidade do nervo sensorial ou da parte correspondente da via piramidal em determinadas regiões do córtex cerebral. O campo de associação da linguagem, porém, dispensa essas relações diretas com a periferia do corpo; ele certamente não tem "vias de projeção" próprias sensíveis e muito provavelmente tampouco "vias de projeção" motoras especiais.[53]

VI.

A ideia que tenho da estrutura do aparelho central de linguagem, portanto, é a de uma região cortical coesa que ocupa o espaço entre os locais das extremidades do nervo óptico, do acústico e dos nervos motores cerebrais e de extremidades no hemisfério esquerdo, e, por conseguinte, é provável que possua justamente a extensão que Wernicke quis lhe atribuir em seu primeiro trabalho: a região da primeira circunvolução em torno da fissura de Sylvius. Nós recusamos a localização dos elementos psíquicos do processo da linguagem em determinados pontos dessa área, rejeitamos a hipótese de que existam regiões dentro dessa área que sejam excluídas da atividade comum da linguagem e mantidas livres para aquisições de novos conhecimentos de linguagem. Por fim, nós atribuímos o fato de a patologia nos apresentar centros da linguagem, se bem que com limites indefinidos, à circunstância da posição anatômica dos campos corticais limitadores e das vias conectoras que partem do hemisfério direito. Assim, os centros da linguagem, para nós, transformaram-se em pontos do córtex que podem reclamar um significado anátomo-patológico especial, mas não fisiológico. Nós adquirimos o direito de descartar a diferenciação entre as chamadas afasias "centrais" ou corticais e as afasias de condução e de afirmar que todas as afasias têm como base a interrupção da associação, ou seja, a interrupção da condução. A afasia devida à destruição ou à lesão de um "centro", para mim, não é nem mais nem menos que uma afasia devida à lesão daquelas vias de condução que se reúnem nos pontos nodais chamados de centro.

Nós também afirmamos que toda afasia deve ser relacionada a um distúrbio no próprio córtex cerebral (diretamente ou surgido por efeito à distância), o que é o mesmo que afirmar que a área da linguagem não possui nenhuma via específica de condução aferente e eferente que chegue até a periferia do corpo. A comprovação dessa afirmação está no fato de que lesões subcorticais que chegam à periferia não podem causar nenhum distúrbio da linguagem se separarmos a anartria dos outros distúrbios da linguagem segundo sua definição. Nunca foi observado que uma pessoa tenha passado a sofrer de surdez verbal devido a uma lesão no tronco do nervo acústico, na medula oblonga, no par posterior de colículos quadrigêmeos ou na cápsula interna, sem sofrer de surdez generalizada, ou que uma lesão parcial do tronco do nervo óptico, do diencéfalo etc. tenha causado cegueira verbal em alguém. No entanto, Lichtheim distingue uma surdez verbal subcortical, uma afasia motora subcortical, e Wernicke supõe a existência de alexias e agrafias subcorticais. Eles não atribuem essas formas de distúrbio da linguagem a lesões nos feixes subcorticais de associação que, segundo nosso ponto de vista, não são diferentes dos feixes de associação que passam no próprio córtex, mas sim a lesões das vias da linguagem radiais, ou seja, aferentes e eferentes. Assim, agora temos a tarefa de nos aprofundarmos na análise desses distúrbios subcorticais da linguagem.

A característica de uma afasia sensorial subcortical pode ser facilmente depreendida do esquema de Lichtheim, que apresenta uma via auditiva especial αA (Fig. 3) para a linguagem. O doente não seria capaz de assimilar sons de novas palavras, mas ainda dispõe das imagens acústicas e executa todas as funções da linguagem de forma perfeitamente correta. Lichtheim de fato descobriu um caso como esse, cujos primeiros estágios da doença não estão de todo esclarecidos mas que, em seu comportamento final, correspondia totalmente ao quadro que surge pela interrupção da αA. Eu admito que, considerando o significado das "imagens acústicas" para o uso da linguagem, eu tive extraordinária dificuldade em atribuir a essa afasia sensorial subcortical uma outra explicação que renunciasse à suposição de uma via auditiva aferente αA. Eu já estava a ponto de explicar esse caso de Lichtheim com uma independência individual dos outros elementos da linguagem das imagens acústicas, pois o doente era um jornalista extremamente culto. Mas isso teria de ser visto, com razão, como um subterfúgio. Por isso, busquei casos semelhantes na literatura. Wernicke registra, por ocasião de sua discussão do trabalho de Lichtheim, que fizera uma observação bastante análoga e pretendia comunicá-la nos relatórios contínuos de sua clínica. Contudo, eu não consegui encontrar essa comunicação na literatura.[54] Por outro lado, deparei com um caso de Giraudeau[55] que apresenta pelo menos uma grande semelhança com o de Lichtheim. A doente (Bouquinet) não apresentava nenhum distúrbio em sua linguagem, mas também sofria de alto grau de surdez verbal sem que fosse surda (apesar de que a constatação desse último ponto deixa um tanto a desejar). Ela tinha no mínimo "dificuldade para ouvir palavras". Compreendia perguntas que lhe eram dirigidas, mas somente se as mesmas fossem repetidas várias vezes diante dela, e em muitos casos nem mesmo assim entendia. Se ela compreendia e respondia uma pergunta, então todas as respostas posteriores continuavam essa linha de pensamento uma vez estimulada, sem considerar as perguntas feitas posteriormente. A diferença entre os dois casos diminui ainda mais se considerarmos que o doente de Lichtheim apresentava um comportamento diferente de outros com surdez verbal. Ele não se esforçava por compreender as perguntas que lhe eram dirigidas, não dava resposta nenhuma e parecia não querer voltar sua atenção para o que fora ouvido. Talvez o doente, com esse comportamento intencional, tenha dado a impressão de sofrer de uma surdez verbal total, enquanto em outro caso teria sido demonstrado que sua compreensão da linguagem, como a de Bouquinet, podia ser forçada por meio de repetidas demandas imperativas. As pessoas que sofrem de surdez verbal costumam ouvir a linguagem que não compreendem, elas acreditam ter compreendido algo e normalmente fornecem uma resposta inadequada resultante desse pressuposto.

A doente de Giraudeau foi autopsiada e confirmou-se, como causa de seu distúrbio da linguagem, uma lesão na primeira e na segunda circunvoluções temporais, frequentemente encontrada como causa de afasia sensorial comum. Ninguém que passar os olhos pelo desenho que foi acrescido à comunicação de Giraudeau poderá supor que essa lesão tenha causado qualquer coisa diferente da forma comum da afasia sensorial com grave distúrbio da linguagem. No entanto, deve-se considerar ainda outro ponto. A lesão no caso de Giraudeau, por sua vez, é incomum, um tumor (gliossarcoma). Lembremos uma hipótese apresentada ao discutirmos a afasia motora transcortical, de que o aparelho de linguagem provavelmente não apresentaria apenas indícios locais, mas também poderia revelar a natureza especial do processo patológico por meio de uma alteração de sua sintomática funcional. Nós vemos, portanto, que o caso de Giraudeau não comprova em nada a existência de uma via subcortical aferente αA. O tumor que a autópsia revelou não se desenvolvera, por exemplo, a partir da substância branca para fora, de forma a causar, em um estágio inicial, uma simples lesão subcortical. Na verdade, ele aderira à meninge e podia ser facilmente descorticado da substância branca amolecida. Assim, acredito poder supor, para a afasia sensorial subcortical, que esta não tem como base uma lesão da via subcortical αA, mas um adoecimento da mesma região que é normalmente responsabilizada pela afasia sensorial cortical. No entanto, não consigo fornecer nenhum esclarecimento completo para o estado funcional especial que preciso pressupor nesse local adoecido.[56]

Para a afasia motora subcortical, nós podemos ser mais sucintos. Lichtheim a caracteriza pela conservação da capacidade de escrever concomitante ao comportamento como em caso da afasia motora cortical. Wernicke, que realizou uma análise mais profunda dos distúrbios da linguagem escrita, descarta até mesmo essa característica distintiva. Para ele, a afasia motora subcortical caracteriza-se pelo fato de os doentes "terem condições de indicar o número de sílabas". Estou ciente das controvérsias que envolvem esse teste de Lichtheim. Algumas observações de Dejerine[57] corroboraram desde então a importância do teste das sílabas de Lichtheim para o diagnóstico da afasia motora subcortical. No entanto, nós poderíamos atribuir esses casos, de forma igualmente legítima, à anartria e não à afasia.

Vários casos bem observados, recentemente um de Eisenlohr,[58] levam a crer que uma lesão sob o centro de Broca gera um distúrbio de linguagem que pode ser classificado como parafasia literal e representa uma transição para a anartria. Assim, deveríamos acrescentar uma via específica até a periferia apenas para a parte motora do aparelho de linguagem.

Se atribuímos à região cortical motora de linguagem um feixe eferente especial, então precisamos observar que sua lesão provoca fenômenos que, quanto mais profundos, mais se aproximam da anartria. Por isso, a afasia continua sendo um fenômeno cortical.

Sendo assim, vamos acrescentar à nossa concepção do aparelho de linguagem que ele, com exceção da via cuja lesão se revela pela anartria, não possui nenhuma via especial aferente ou eferente. Adiante vamos tratar brevemente dos chamados distúrbios subcorticais de leitura e escrita.

Vamos agora examinar quais as hipóteses de que necessitamos para o esclarecimento dos distúrbios da linguagem com base nessa estrutura do aparelho de linguagem. Em outras palavras, o que o estudo dos distúrbios da linguagem ensina sobre a função desse aparelho. Para tanto, pretendo separar o mais possível o lado psicológico e o anatômico do objeto.

Para a psicologia, a unidade da função de linguagem é a "palavra", uma representação complexa que se mostra composta por elementos acústicos, visuais e cinestésicos. Temos conhecimento dessa composição graças à patologia que nos mostra que, em lesões orgânicas no aparelho de linguagem, ocorre uma segmentação do discurso segundo essa composição. Assim, somos preparados para o fato de que a falta de um desses elementos da representação-palavra será a principal característica que nos permite concluir qual a localização da doença. Normalmente são citados quatro componentes da representação-palavra: a "imagem acústica", a "imagem visual da letra", a "imagem do movimento da fala" e a "imagem do movimento da escrita". Essa composição, no entanto, parece mais complexa se abordarmos o provável processo de associação para cada uma das operações de linguagem:

1) Nós aprendemos a falar ao associarmos uma "imagem acústica verbal" a uma "sensação da inervação verbal". Quando falamos, nos apossamos de uma "representação motora da fala"

(sensações centrípetas dos órgãos da fala), de forma que a palavra, para nós, é duplamente determinada em termos motores. Dentre os dois elementos determinantes, o primeiro, a representação da inervação verbal, parece ter menor valor psicológico. Tanto que sua existência como fator psíquico pode ser realmente contestada. Além disso, depois de falar, nós obtemos uma "imagem acústica" da palavra dita. Enquanto ainda não desenvolvemos nossa linguagem, essa segunda imagem acústica não precisa ser idêntica à primeira, apenas associada a ela. Nesse estágio (do desenvolvimento da linguagem infantil) nós nos servimos de uma linguagem criada por nós mesmos, comportando-nos como pessoas com afasia motora, na medida em que associamos diversas sonoridades verbais a um único som produzido por nós.

2) Nós aprendemos a linguagem dos outros ao nos esforçarmos para tornar a imagem acústica produzida por nós o mais semelhante possível à imagem acústica que motivou a inervação verbal. Assim aprendemos a "repetir o que ouvimos". Nós enfileiramos então as palavras uma ao lado da outra, na "fala contínua", na medida em que esperamos, para a inervação da próxima palavra, até que a imagem acústica ou a representação do movimento da linguagem (ou ambas) da palavra anterior tenha ocorrido. Portanto, a segurança de nossa fala parece ser assim sobredeterminada e consegue suportar bem a falta de um ou do outro dos fatores determinantes. No entanto, algumas peculiaridades da parafasia – fisiológica e patológica – são esclarecidas a partir da extinção da correção pela segunda imagem acústica e pela imagem do movimento da linguagem.

3) Nós aprendemos a soletrar ao associarmos as imagens visuais das letras com novas imagens acústicas que, no entanto, devem nos lembrar dos sons verbais já conhecidos. Nós repeti-

mos imediatamente a imagem acústica característica da letra,
de forma que a letra, por sua vez, parece determinada por duas
imagens acústicas coincidentes e duas representações motoras
que correspondem uma à outra.

4) Nós aprendemos a ler ao associarmos, segundo determinadas regras, cada letra da sequência das representações de iner-
vações verbais e das representações motoras das palavras que
obtemos ao falar, de forma que surgem novas representações
motoras das palavras. Assim que essas últimas são pronunciadas,
nós descobrimos, de acordo com a imagem acústica dessas novas
representações-palavras, que ambas as imagens, a motora e a
acústica, da palavra que obtemos já são há muito conhecidas e
idênticas àquelas utilizadas no momento da fala. Então associamos a essas imagens da linguagem adquiridas por soletração o
significado atribuído aos sons verbais primários. Agora lemos
com compreensão. Se não falamos primariamente uma língua
escrita, mas um dialeto, então precisamos superassociar as imagens motoras da palavra e as imagens acústicas obtidas com o
soletramento às antigas, aprendendo assim uma nova língua, o
que é facilitado pela semelhança entre o dialeto e a língua escrita.

A partir dessa apresentação da aprendizagem da leitura,
percebemos que ela é um processo bastante complicado, ao
qual corresponde necessariamente um repetido vaivém no
sentido da associação. Além disso, somos preparados para o
fato de que os distúrbios de leitura, no caso de uma afasia,
devem ocorrer de formas bastante diversificadas. Uma lesão
do elemento visual causará apenas o distúrbio na leitura das
letras. A composição das letras formando uma palavra ocorre
durante a transmissão para a via condutora da linguagem,
portanto ela será suprimida no caso da afasia motora. A com-

preensão do que foi lido só ocorre por meio das imagens acústicas resultantes das palavras ditas, ou por meio das imagens motoras das palavras, as quais surgem no momento da fala. Assim, ela se revela uma função que declina não apenas por uma lesão motora, mas também por uma lesão acústica, além de ser uma função independente da execução da leitura. A auto-observação mostra a qualquer um que há vários tipos de leitura, alguns dos quais abdicam da compreensão do que é lido. Quando faço revisões com a intenção de prestar atenção especial às imagens visuais das letras e a outros sinais gráficos, o sentido do que é lido me escapa de tal maneira que preciso de uma leitura em separado para a correção estilística da prova. Se leio um livro que me interessa, por exemplo um romance, então deixo passar todos os erros de impressão, e pode acontecer que, dos nomes dos personagens, eu não guarde nada na cabeça além de uma noção vaga e talvez a lembrança de que eles são longos ou curtos e possuem uma letra que chama a atenção, como um X ou um Z. Quando vou ler em voz alta, de forma que preciso dar atenção especial às imagens acústicas de minhas palavras e a seus intervalos, corro de novo o risco de me ocupar muito pouco do sentido e, quando me canso, leio de forma que o outro ainda pode compreender a leitura, mas eu próprio não sei mais o que li. São fenômenos da atenção dividida, que interessam justamente aqui porque a compreensão do que foi lido só ocorre por meio de uma longa volta. O fato de que não se trata mais dessa compreensão quando o próprio processo de leitura oferece dificuldades fica claro pela analogia com nosso comportamento quando aprendemos a ler, e nós temos de ser cautelosos para não considerarmos a supressão dessa compreensão como sinal de uma interrupção da via condutora. A leitura em voz alta não deve ser considerada um processo diferente da leitura em voz baixa, a não ser pelo fato de que ela ajuda a distrair a atenção da parte sensorial do processo de leitura.

5) Nós aprendemos a escrever ao reproduzirmos as imagens visuais das letras por meio de imagens de inervação da mão até que imagens idênticas ou semelhantes surjam. Via de regra, as imagens da escrita são apenas semelhantes e superassociadas às imagens da leitura, já que lemos em letra impressa e escrevemos em letra cursiva. O ato de escrever revela-se um processo relativamente simples e não tão facilmente sujeito a problemas como a leitura.

6) É de se supor que mais tarde nós também exercemos cada uma das funções da linguagem pelos mesmos caminhos associativos nos quais a aprendemos. Pode haver atalhos e substituições, mas nem sempre é fácil dizer de que natureza. A sua importância é ainda diminuída pela observação de que, em casos de lesão orgânica, o aparelho de linguagem provavelmente é prejudicado em certa medida como um todo e que se verá forçado a regredir às formas de associação primárias, consolidadas e mais complicadas. Quanto à leitura, sem dúvida a influência da "imagem visual da palavra" ajuda aqueles já experientes, de forma que algumas palavras (nomes próprios) também podem ser lidas sem precisarem ser soletradas.

A PALAVRA É, portanto, uma representação complexa, composta das imagens mencionadas, ou dizendo de outro modo, à palavra corresponde um intrincado processo de associação que os elementos mencionados, de origem visual, acústica e cinestésica, estabelecem entre si.

FIG. 8

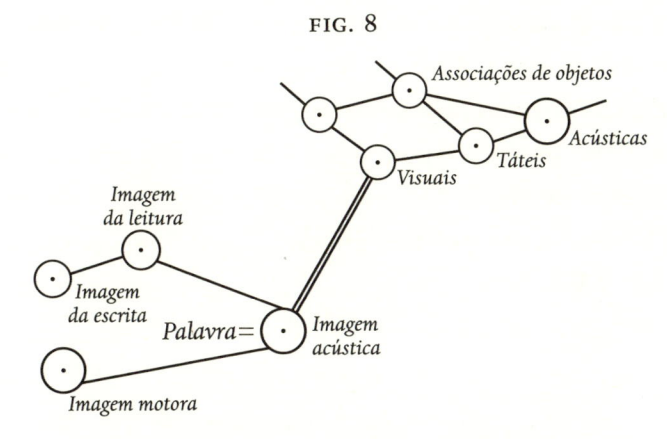

Esquema psicológico da representação-palavra.
A representação-palavra aparece como um complexo
representativo fechado; a representação-objeto, por sua vez,
como um aberto. A representação-palavra não está ligada à
representação-objeto a partir de todos os seus componentes,
mas apenas a partir da imagem acústica. Entre as associações
de objetos, são as visuais que representam o objeto de forma
semelhante à forma como a imagem acústica representa a palavra.
As ligações da imagem acústica da palavra com outras associações
de objetos que não as visuais não estão aqui indicadas.

A palavra, no entanto, obtém seu significado por meio da
ligação com a "representação-objeto", pelo menos se limitar-
mos nossa observação aos substantivos. A representação-objeto
é, por sua vez, um complexo associativo composto dos mais
diversos tipos de representações visuais, acústicas, táteis, cinestésicas e outras. Nós deduzimos com base na filosofia que
a representação-objeto não contém mais nada além disso, que
a aparência de uma "coisa", cujas diversas "características" são
denotadas pelas impressões sensoriais, só passa a existir pelo
fato de nós, ao listarmos as impressões sensoriais obtidas de
um objeto, acrescentarmos a possibilidade de uma grande

série de novas impressões na mesma cadeia de associações
(J.S. Mill).[59] Assim, a representação-objeto não nos parece fechada, nem mesmo possível de ser completada, ao passo que a
representação-palavra nos parece algo fechado, mesmo que
passível de ser ampliado.

A afirmação que tenho de apresentar aqui com base na patologia dos distúrbios da linguagem indica que a representação-
palavra está ligada à representação-objeto por meio de sua
extremidade sensível (por intermediação das imagens acústicas). Com isso, podemos supor duas classes de distúrbios da
linguagem: 1) uma afasia de primeira ordem, a afasia verbal,
na qual apenas as associações entre os diversos elementos da
representação-palavra estão prejudicadas, e 2) uma afasia de
segunda ordem, a afasia assimbólica, na qual a associação
entre a representação-palavra e a representação-objeto está
prejudicada.

Eu utilizo o termo "assimbolia" com um sentido diferente
daquele usado desde Finkelnburg,[60] pois a mim parece que a
relação entre a palavra e a representação-objeto merece mais
ser chamada de "simbólica" do que a relação entre o objeto e a
representação-objeto. Eu gostaria de sugerir que os distúrbios
no reconhecimento de objetos, que Finkelnburg reúne sob o
conceito de assimbolia, sejam denominados "agnosia". Seria
então possível que distúrbios agnósicos, que só podem surgir em decorrência de lesões corticais bilaterais e estendidas,
também causem um distúrbio da linguagem, já que todos os
estímulos para a fala espontânea se originam da região das
associações de objetos. Esses distúrbios da linguagem eu de-
nominaria afasias de terceira ordem, ou afasias agnósicas. A

experiência clínica, realmente, nos apresentou alguns casos que demandam essa concepção.

A primeira dessas afasias agnósicas é um caso de Farges,[61] o qual foi mal observado e também denominado da forma mais inadequada possível como "Aphasie chez une tactile" [Afasia em uma doente tátil]. Eu espero poder esclarecê-lo o suficiente para o reconhecimento dos fatos como eles são.

Tratava-se de uma doente que ficara cega por uma causa cerebral, ou seja, que provavelmente tinha focos nos dois lados do cérebro. Ela não reagia quando era abordada e repetia incessantemente quando alguém tentava se comunicar com ela: *"Je ne veux pas, je ne peux pas!"*,* em um tom de extrema impaciência. Ela também não reconhecia o médico pela voz. Mas assim que ele sentia seu pulso, portanto lhe proporcionava uma representação tátil, ela o reconhecia, dizia seu nome corretamente, conversava com ele sem distúrbio da linguagem etc., até que ele soltava sua mão, tornando-se com isso de novo inatingível para ela. O mesmo ocorria quando alguém lhe proporcionava a representação tátil (ou uma representação olfativa, gustativa) de um objeto. Enquanto estava em posse da mesma, ela dispunha também das palavras necessárias e comportava-se de forma conveniente, mas assim que essa lhe era subtraída ela repetia sua monótona reiteração da impaciência, ou dizia sílabas desconexas, revelando-se inacessível à compreensão de linguagem. Essa doente tinha portanto um aparelho de linguagem totalmente intacto do qual não podia dispor enquanto ele não fosse estimulado pelas associações de objetos, as únicas conservadas.

---

* Em francês no original: "Eu não quero, eu não posso!" (N.T.)

Uma segunda observação desse tipo levou C.S. Freund[62] a apresentar a categoria da afasia óptica. O doente de Freund apresentava dificuldades na fala espontânea e na nomeação de objetos, exatamente como na afasia sensorial causada pela lesão da região acústica. Por exemplo, chamava uma vela de "óculos". Ao olhá-la mais uma vez, dizia: "Ah, é uma coisa para pôr na cabeça, uma cartola", e em seguida: "Ah, é uma lamparina." Se, no entanto, o deixassem pegar o objeto na mão com os olhos fechados, então ele encontrava rapidamente o nome correto. Portanto, o aparelho de linguagem estava intacto, ele apenas reagia erroneamente a partir das associações ópticas de objetos, enquanto trabalhava corretamente mediante o estímulo das associações táteis de objetos. A influência do distúrbio nas associações de objetos, aliás, não é tão profunda no caso de Freund como no de Farges. O doente de Freund piorou progressivamente, passou a sofrer mais tarde de uma mudez verbal completa e apresentou, na autópsia, lesões que atingiam não apenas a área da visão, mas também a da linguagem.

O fato de que distúrbios nos elementos ópticos das representações-objetos possam exercer uma tal influência sobre a função da linguagem explica-se porque as imagens visuais são os mais destacados e mais importantes componentes de nossas representações-objetos. Se para uma pessoa o trabalho mental ocorre essencialmente com ajuda dessas imagens ópticas, para o que, segundo Charcot, as características individuais são decisivas, lesões bilaterais na região cortical óptica devem causar também distúrbios das funções da linguagem que estão muito além daqueles que podem ser explicados pela localização. Farges poderia ter denominado a sua observação com muito mais razão como "Aphasie chez une visuelle" [Afasia em uma doente visual].

Enquanto esses casos de afasia agnósica baseiam-se em um efeito funcional remoto, sem lesão orgânica do aparelho de linguagem, nos casos de afasia verbal e assimbólica a lesão do próprio aparelho de linguagem deve se manifestar. Procurarei agora separar do melhor modo possível os fatores funcionais e os tópicos que devem ser considerados na explicação desses distúrbios da linguagem.

FIG. 9

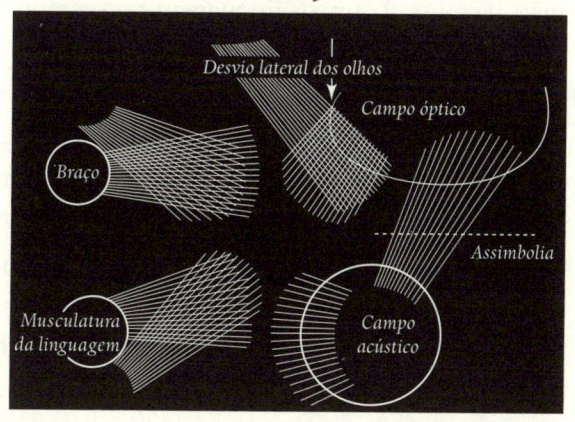

Esquema anatômico do campo de associação da linguagem. Para esclarecimento da aparência dos centros de linguagem. Os campos corticais do nervo acústico, do óptico, do braço e da musculatura do braço estão esquematizados por círculos; as vias de associação que chegam ao interior do campo da linguagem a partir deles estão representadas por feixes de raios. Nos pontos em que essas últimas são cruzadas pelos feixes separados de suas origens, surge um "centro" para o elemento de associação em questão. As ligações bilaterais do campo acústico não estão indicadas, em parte para não tornar a imagem confusa, em parte devido à falta de clareza existente justo sobre a relação do campo auditivo e do centro de linguagem acústico. Dividir as ligações com o campo óptico, inclusive espacialmente, em dois feixes permite a consideração de que, para a associação de leitura, os movimentos dos olhos são requisitados de forma especial.

Tracei aqui um esquema que prescinde de posicionamentos anatômicos mais exatos, devendo representar apenas as relações dos diversos elementos das associações da linguagem (Fig. 9). Nesse esquema, não representamos por círculos os chamados centros da linguagem, mas os campos corticais entre os quais as associações da linguagem ocorrem. As partes do campo da linguagem que estão mais próximas deles ganham o significado de centros de linguagem devido às ligações cruzadas (na mão, na musculatura da linguagem e no campo óptico) com o outro hemisfério. Resulta então que existem três distúrbios da linguagem que revelam, na afasia verbal, a localização de uma lesão. Se a lesão está localizada nas partes do campo da linguagem vizinhas aos campos corticais, conhecidas como centros da linguagem, então seu efeito será a impossibilidade 1) da transferência para a via da linguagem, 2) da transferência para a via da escrita da mão e 3) do reconhecimento das letras, com o que surge a descomplicada afasia motora, agrafia, alexia. Quanto mais a lesão avança para o centro do campo da linguagem, menor será seu efeito de desligamento de um dos elementos das associações de linguagem, e mais o surgimento do distúrbio da linguagem dependerá dos fatores funcionais que são determinantes para o aparelho de linguagem, independentemente do local da lesão. Assim, na afasia verbal, nós só podemos relacionar a supressão de alguns dos elementos de associação com a localização, assim como explicá-la por meio desta última. A certeza do diagnóstico será assegurada se a lesão não se estender mais profundamente na região da linguagem, mas sim nos campos corticais adjacentes a ela, ou seja, se a afasia motora for acompanhada de hemiplegia, e a alexia por uma hemianopsia.

O distúrbio da linguagem assimbólico pode ocorrer, em casos isolados, em forma pura e como consequência de uma lesão que não tenha se ampliado e se estenda verticalmente na direção da associação. Isso é o que ocorre no caso de Heubner, que apresenta uma separação ideal entre a região da linguagem e suas associações por um foco de amolecimento que contorna o nódulo da região da linguagem, a região acústica. Um distúrbio da linguagem assimbólico sem complicação (com a conservação de todas as associações de palavras) pode talvez ocorrer também apenas devido a uma condição funcional de todo o aparelho de linguagem, pois há indícios de que a ligação entre a representação-palavra e a representação-objeto é a parte mais esgotável do desempenho da linguagem, de certa forma seu ponto fraco. Pick, por exemplo, dedicou-se, em um trabalho interessante, à surdez verbal transitória após ataques epiléticos.[63] A doente observada por ele apresentou, durante a recuperação de um ataque, distúrbio assimbólico da linguagem. Antes ela era capaz de repetir algo que lhe era dito antes de compreendê-lo.

O fenômeno da ecolalia, da repetição de perguntas, parece de qualquer maneira pertencer ao distúrbio assimbólico. Em alguns desses casos, por exemplo no de Skwortzoff[64] (obs. X) e de Fränkel[65] (cf. Ballet), a ecolalia revela-se um meio para se alcançar, através do reforço dos sons das palavras, a dificultada relação do que foi ouvido com as associações de objetos. Pois esses doentes não compreendiam a pergunta diretamente, mas a compreendiam e podiam respondê-la depois de a terem repetido. Nesse ponto, lembremo-nos também da exposição de Ch. Bastian, de que um centro da linguagem que foi prejudicado em sua função perde primeiro a capacidade de trabalhar a partir de um estímulo "arbitrário", enquanto consegue manter seu desempenho a partir de uma excitação sensível e em associação com outros centros de linguagem. Todo estímulo "arbitrário" dos centros da linguagem, porém, passa pela região das representações acústicas e consiste em um estímulo das mesmas a partir das associações de objetos.

Assim, penso que o surgimento de uma chamada afasia sensorial transcortical pode ter como base uma lesão, mas também é favorecido funcionalmente. Ambos os fatores agem aqui na mesma direção.

Mais frequente que a assimbolia pura é a afasia assimbólico-verbal mista devido à lesão do elemento acústico da linguagem. Como todas as associações verbais estão ligadas à imagem acústica, qualquer lesão abundante da região da linguagem próxima ao campo acústico terá as duas coisas como consequência, tanto a interrupção das associações de palavras entre si, quanto o prejuízo da associação de palavras com a associação de objetos. O quadro resultante nesse caso é o da afasia sensorial de Wernicke, a qual inclui também distúrbios na compreensão da leitura, na fala e na repetição do que foi ouvido. A região em que a lesão se encontra é provavelmente tão grande que, quando ocorrem pequenas lesões, às vezes manifesta-se mais puramente um distúrbio verbal, em outras vezes, o assimbólico. Um conhecimento anatômico exato dos locais onde as diversas vias do campo de linguagem acústico chegam seria naturalmente indispensável para uma localização mais exata, mas atualmente não dispomos desse conhecimento.

Nós podemos apenas supor que a direção associativa mais importante para a associação simbólica é aquela que se dirige ao campo cortical óptico, já que, entre as associações de objetos, as imagens mnêmicas ópticas normalmente desempenham o papel principal. Se essas associações forem impossíveis, então o campo da linguagem na verdade ainda pode receber impulsos do córtex restante, ou seja, de associações táteis, gustativas e outras; ele, aliás, ainda pode ser estimulado a falar.

Entendemos que a fala espontânea não fica suspensa mesmo com uma afasia assimbólico-verbal tão característica, mas demonstra as características de empobrecimento em partes do discurso de significado restrito. Essas (substantivos, adjetivos) quase sempre foram ditas em resposta a estímulos ópticos. A partir do estímulo das outras associações de objetos, as quais provavelmente surgem em outros pontos do campo acústico, o campo da linguagem produz justamente uma linguagem mutilada, ou transfere para a via motora da linguagem todos os estímulos que são possíveis em seu interior e que não necessitem de nenhuma associação de objeto mais restrita, como partículas, sílabas (balbucio).

Lembremos que entre a extremidade (aliás, bastante extensa) cortical do nervo óptico e a do acústico passam não apenas as vias de associação que ligam a representação-palavra e a representação-objeto, mas também a via que possibilita a compreensão das imagens visuais das letras. Assim, é possível que, em determinada localização, ocorra um distúrbio de leitura concomitante a um distúrbio da linguagem assimbólico por motivo de contiguidade anatômica, e a prática clínica mostra que uma combinação desse tipo, de alexia com um grau maior ou menor de assimbolia, realmente é observada em casos de adoecimento da margem parietal da primeira circunvolução. A coocorrência de ambos os sintomas, como já foi dito, porém, não é necessária. Lesões dessa região geram normalmente apenas alexia com um distúrbio puramente verbal. Se, além disso, ainda houver assimbolia, então deve haver lesões bilaterais da região cortical óptica. Próximo à região acústica da linguagem, a assimbolia já surge como consequência de uma lesão unilateral (devido à ligação do "centro da linguagem" com as irradiações ópticas vindas de ambos os hemisférios). Portanto, a combinação de assimbolia com surdez verbal ocorre mais facilmente do que a de assimbolia com alexia. A primeira delas precisa apenas de uma lesão unilateral próxima ao campo cortical acústico, a segunda, de uma lesão bilateral que, no entanto, pode estar distante do campo cortical mencionado.[66]

C.S. Freund descreveu o distúrbio da linguagem combinado aqui tratado como afasia óptica; entretanto, ao que me parece, não separou a parte da afasia agnósica daquela da assimbólica.[67]

ATÉ ESSE PONTO, aparentemente, nós conseguimos acompanhar a influência do fator tópico da lesão sobre a sintomatologia dos distúrbios da linguagem. Nós descobrimos essencialmente que essa influência ocorre quando duas condições são preenchidas: 1) Quando a lesão está localizada em um dos centros da linguagem segundo nossa concepção (as regiões extremas do campo de associação da linguagem) e 2) quando ela torna esse centro totalmente incapaz de funcionar. O sucesso da lesão se mostra então na supressão de um dos elementos que juntos efetuam as associações da linguagem. Para todos os outros casos, além do fator tópico se manifestarão relações funcionais, e nós precisamos então distinguir qual das duas condições mencionadas não foi preenchida. Se a lesão está localizada em um dos nódulos do aparelho de linguagem, mas sem destruí-lo, esse elemento da associação da linguagem vai reagir à lesão como um todo, com uma alteração de suas condições funcionais. Impõem-se então as modificações de Bastian. Se a lesão, por outro lado, é central, então, mesmo com um efeito destrutivo, ela não poderá fazer nada além dessas reduções de função que procuro listar e que surgem devido à natureza de um aparelho de associação, de maneira geral. A extensão da lesão se limita, nesse caso, pela observação de que ela não pode tocar um centro de nenhum lado.

Para a avaliação da função do aparelho de linguagem sob condições patológicas, nós antepomos a tese de Hughlings Jackson de que todas essas formas de reação representam casos de degeneração funcional (des-involução) do aparelho altamente organizado e que, portanto, correspondem a estados anteriores desse desenvolvimento funcional. Assim, em qualquer circunstância, uma configuração de associações desenvolvida posteriormente, em um nível mais alto, será perdida, e uma adquirida anteriormente e mais simples será conservada.

Sob essa perspectiva, um grande número de fenômenos da afasia pode ser explicado.

1) Primeiramente a perda de novas línguas aprendidas como superassociações com a conservação da língua materna, em consequência de qualquer adoecimento do aparelho de linguagem. Além disso, a natureza dos restos de linguagem nos casos de afasia motora, sendo que frequentemente apenas "sim" e "não" e outras palavras utilizadas desde o início da fala são mantidas e podem ser utilizadas pelo doente.

2) Uma outra afirmação possível é a de que as associações exercidas com mais frequência são as que mais resistem à destruição. Inclui-se aqui também o fato de que agráficos conseguem escrever mais facilmente seus nomes, assim como muitos

analfabetos ainda são capazes de escrever seus próprios nomes. (A conservação do próprio nome, no entanto, não ocorre em casos de afasia motora e nem pode ser esperada, porque pronunciamos nosso nome muito raramente.) A influência da profissão pode, com base nessa tese, ser bastante notável. Assim, encontro em Hammond, por exemplo, a observação de um capitão de navio que se tornou afásico assimbólico e designava todas as coisas com nomes de objetos do navio. Funções da linguagem completas também se comportarão de forma mais ou menos resistente a lesões, de acordo com essa tese. No caso do advogado, relatado por Marcé,[68] em cuja afasia a escrita daquilo que lhe era ditado fora muito pouco prejudicada, eu tendo a atribuir esse fato, concordando com o autor, à prática dessa atividade ao anotar informações. O fato de alguns sintomas da afasia serem diferentes em pessoas com educação superior do que em pessoas com menos habilidades de linguagem é esperado e deveria ser acompanhado individualmente.

3) Anteriormente, ao citar os restos de linguagem que, segundo Hughlings Jackson, são as últimas palavras ditas, eu mencionei que aquilo que é intensivamente associado adquire uma força que sobrevive à lesão, sendo resultado também de um processo raro de linguagem.

4) Além disso, é notável que representações-palavras que são associadas a séries sejam mais bem conservadas que as isoladas, e que as palavras se conservam tanto mais facilmente quanto mais extensas suas associações. O primeiro caso se aplica, por exemplo, à série de números, à série dos dias da semana, meses etc. O doente de Grashey não conseguia indicar diretamente um número demandado: ele buscava auxílio contando desde o início até chegar ao número demandado. Às vezes, a série

inteira de associação pode ser dita, mas não um membro isolado da mesma, casos dos quais Kussmaul e outros trazem inúmeros exemplos. Sim, há até mesmo casos de pessoas que não dizem uma palavra em si, mas conseguem cantar a letra inteira de uma música.

5) No caso do distúrbio do discurso decorrente da assimbolia, pode-se ver claramente que a tendência é perderem-se as palavras cujos significados são mais restritos, ou seja, que só podem ser encontradas a partir de poucas e determinadas associações de objetos. Nomes próprios tendem a ser mais esquecidos no caso de amnésia fisiológica; na assimbolia, são atingidos primeiro os substantivos, depois os adjetivos e verbos.[69]

6) As influências do cansaço em processos mais longos de associação, da duração reduzida das impressões sensoriais, da atenção variada e instável são fatores que frequentemente surgem em destaque na caracterização de um distúrbio da linguagem, mas que não necessitam de comprovação especial.

A maioria dos fatores aqui reunidos surge a partir das características gerais de um aparelho organizado para a associação e se aplica, de forma semelhante, aos desempenhos de outras áreas do cérebro sob circunstâncias patológicas. Talvez a contraparte mais notável da degeneração das disposições na região da linguagem seja a perda completa da memória, ou seja, de todas as associações corticais até uma determinada época mais antiga, a qual já foi observada eventualmente após um trauma de crânio.

NÓS JÁ TRATAMOS várias vezes dos três níveis de capacidade funcional reduzida que Ch. Bastian estabeleceu para os centros da linguagem. Nós podemos supô-los mesmo desconsiderando os centros da linguagem no sentido fisiológico, ao afirmarmos que o componente óptico, acústico, cinestésico do aparelho de linguagem ainda seria capaz de funcionar sob essas ou aquelas circunstâncias. No entanto, não queremos perder de vista que as modificações de Bastian se aplicarão principalmente nos casos de lesões de natureza não totalmente destrutiva dos nossos centros, pois se a lesão não afeta todos os elementos da linguagem de uma única origem, como ocorre quando ela está localizada nos pontos nodais, a função do tecido nervoso que permaneceu intacto vai substituir a daquele que foi afetado, ocultando seu defeito. Por trás de tal afirmação está naturalmente a visão de que uma única fibra nervosa e célula nervosa não é requerida para uma única associação da linguagem, mas que aqui há uma relação mais complicada.

As modificações de Bastian representam, de certo modo, também graus de des-involução, degeneração funcional. No entanto, eu considero apropriado discuti-las especialmente para cada elemento da atividade de associação da linguagem.

1) O elemento acústico é o único que trabalha em reação a três tipos diferentes de estímulo. O estímulo chamado de "arbitrário" por Bastian consiste no estímulo a partir das associações de objetos, ou mais especificamente de toda a outra atividade cortical. Ele é, como já ouvimos, o que falha mais facilmente no caso de prejuízo do centro acústico, o que resulta em um distúrbio assimbólico parcial. A manifestação deste último consiste no distúrbio da linguagem espontânea e da nomeação arbitrária de objetos; nos casos mais leves, na dificuldade em encontrar palavras de significado restrito e pouca amplitude de associação.

A atividade associativa do elemento acústico está no centro de toda a função da linguagem. O exemplo de Grashey e o de

Graves ilustram um caso de falha arbitrária com a conservação da capacidade de associação com o elemento visual. Eu
não pude localizar exemplos em que o elemento acústico não
consegue efetuar nenhuma associação enquanto ainda trabalha mediante estímulo direto. Um estado como esse provavelmente coincide com a incapacidade total de desempenho, já
que o trabalho do centro acústico consiste na associação e não
na transmissão para uma via que se dirige para a periferia. Por
outro lado, pode ocorrer o caso em que o elemento acústico,
mediante estímulo periférico, ainda consegue estabelecer associações verbais, mas não mais a associação simbólica. Esse
distúrbio, por sua vez, se revelaria pela assimbolia (a afasia
sensorial transcortical de Lichtheim). Nós tendemos a concluir, a partir desse fato, que essa última forma de distúrbio
da linguagem pode ser causada tanto por uma lesão no próprio centro acústico quanto por uma lesão mais distante, entre
o centro acústico e a região cortical óptica. No primeiro caso,
ela teria base funcional; no segundo, tópica.

A não excitabilidade dos elementos acústicos, que se manifesta como surdez verbal, certamente deve ser sempre inter-
pretada como sintoma tópico. Exceção seriam, aparentemente,
aqueles casos bastante obscuros que só encontro mencionados
em Arnaud[70] e os quais eu classificaria como dificuldade auditiva verbal. Sua concepção deve partir do princípio de que eles
sempre apresentam um grau relevante de dificuldade auditiva
comum e bilateral. Esses doentes falam de forma totalmente
correta, mas compreendem apenas com esforço e mediante uma
articulação especialmente lenta e clara do que é dito. Como
eles apresentam uma compreensão da linguagem sem lacunas
e sem hesitação, devemos descartar a hipótese de uma lesão

central na região acústica da linguagem. A diferença entre o comportamento desses doentes e o dos deficientes auditivos comuns consiste apenas em que esses últimos compreendem ao mesmo tempo em que ouvem, ou seja, associam, enquanto nos primeiros a compreensão da linguagem se inicia apenas quando o estímulo periférico ultrapassa certos valores limítrofes.

Nós provavelmente não devemos imaginar a compreensão da palavra, no caso de estímulo periférico, como a simples condução dos elementos acústicos para os das associações de objetos. Na verdade, durante a escuta compreensiva de um discurso, a atividade de associação verbal deveria ser estimulada concomitantemente a partir dos elementos acústicos, de forma que de certo modo repetimos internamente o que ouvimos e então apoiamos a compreensão ao mesmo tempo em nossos sentimentos de inervação da linguagem. Um grau mais alto de atenção ao ouvir implicará uma transmissão mais considerável do que foi ouvido para a via motora da linguagem. Podemos imaginar que a ecolalia ocorre quando um obstáculo se interpõe à condução da associação para as associações de objeto, onde então toda a excitação se manifesta como uma repetição mais forte, ou seja, em voz alta.

2) O elemento visual não tem ligação direta com as associações de objetos (nossos caracteres de escrita não são, como os de outros povos, símbolos diretos de conceitos, mas de sons); portanto, no caso dele não se aplica o reconhecimento do estímulo arbitrário. Ele quase sempre entra em atividade em reação a um estímulo periférico, e é utilizado de forma simplesmente associativa no caso da escrita espontânea. Apenas o não reconhecimento de letras pode ser considerado uma expressão do prejuízo do elemento visual da linguagem, já

que a "leitura" é uma função muito mais complicada que pode ser prejudicada por lesões bastante diversificadas. Aqui parece ocorrer então o caso anormal em que um elemento não mais é apropriado ao estímulo periférico, mas ainda permite o estímulo associativo. Pois existem casos em que as imagens das letras não são reconhecidas, mas a escrita ocorre sem problemas. Wernicke chama esses casos de alexia subcortical e as explica pela localização, por fatores tópicos da lesão. Ele distingue três distúrbios da leitura nos quais o conceito habitual da palavra (*c*) está intacto (Fig. 10). 1) A alexia cortical: caracterizada pela suspensão da capacidade de ler e de escrever. 2) A alexia subcortical: suspensão da capacidade de ler; escrita sem nenhum distúrbio com exceção da escrita segundo um modelo. 3) A alexia transcortical: suspensão da capacidade de ler e de escrever, com exceção da capacidade conservada de copiar mecanicamente textos impressos e manuscritos.

A objeção contra o esquema dos distúrbios da leitura de letras é simples. Se a interrupção, no caso da alexia subcortical, estiver na via periférica que leva até α, então nenhuma impressão da letra apresentada chega ao córtex, ela não é vista e, portanto, não pode ser copiada. Cada uma dessas letras teria de ser vista em duas vias de condução, das quais uma a compreende como simples objeto visual e a outra como símbolo da linguagem. No caso da chamada surdez verbal subcortical, essa objeção não pôde ser levantada, pois a palavra não ouvida também não é repetida. Mas como a letra não reconhecida pode ser repetida, a suposição de que ela não é reconhecida devido a uma lesão antes de α está excluída. Não se trata de um distúrbio da percepção, mas de um distúrbio da associação. Wernicke, porém, para salvar sua tentativa de explicação, faz

uma distinção entre "copiar" e "desenhar segundo um modelo". Mas eu considero que a interrupção antes de α cria um
obstáculo para ambos os desempenhos motores se nós realmente não supusermos que a imagem de uma letra chega ao
cérebro por duas vias periféricas, como objeto comum e como
objeto para a linguagem.[71]

FIG. 10

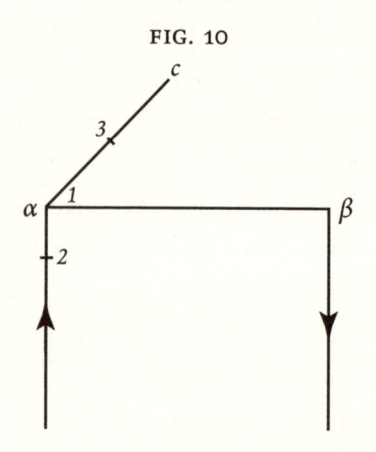

Esquema de Wernicke dos distúrbios da leitura
("Os mais novos trabalhos sobre afasia",
Fortschritte der Medicin, 1886, p.464). α indica a imagem
óptica escrita, β o centro motor dos movimentos
da escrita, $c = α + β$ o conceito da palavra.

A cópia se diferencia do desenho segundo um modelo ou apenas gradualmente, devido à maior facilidade que a compreensão
do modelo apresenta, sendo fora isso o mesmo ato que se realiza
sobre a mesma via. Qualquer um de nós, para desenhar segundo
o modelo caracteres que lhe são incompreensíveis, precisará
de um alto grau de atenção, em geral difícil de ser conseguido
pelos afásicos. Ou então a cópia consiste em uma transposição
das imagens impressas das letras em imagens manuscritas. Esta

se explica pelo fato de nós lermos em letras impressas e cursivas, mas não aprendermos a escrever em letra impressa, e independe da compreensão do que é lido. Um pequeno paciente de Bernard (obs. V) chamou a atenção pela facilidade e segurança com as quais realizava essa transposição ao copiar, sem conseguir ler absolutamente nada do que copiava.

Eu acredito que a explicação para a chamada alexia subcortical deve ser procurada em outro lugar. Tanto ao escrevermos quanto ao falarmos, nós recebemos sensações cinestésicas dos movimentos realizados pelos músculos envolvidos. As sensações cinestésicas da mão, porém, são mais claras e intensivas que as da musculatura da fala, seja porque costumamos dar grande valor a essas sensações da mão também para outras funções, seja porque elas ainda estão associadas a impressões visuais. Afinal, nós nos vemos escrever, mas não nos vemos falar. Por isso somos capazes de escrever diretamente a partir das imagens acústicas com a ajuda de sensações cinestésicas, passando ao largo do elemento visual.

No caso da alexia subcortical, nós podemos supor que se trata de uma lesão extrema no campo da linguagem, já que ela ocorre tão frequentemente associada a hemianopsia. Assim, toda a parte motora do aparelho pode estar intacta nela, e a escrita pode ser possível diretamente a partir das imagens acústicas. Em alguns desses casos de alexia subcortical, a pessoa lê escrevendo, como já foi mencionado antes. As imagens das letras que não podem ser diretamente associadas ao elemento acústico são trazidas para essa associação e, com isso, compreendidas, por meio das sensações cinestésicas despertadas ao serem desenhadas a partir de um modelo.

Quase todos os autores que fornecem exemplos de distúrbios de escrita e de leitura em casos de afasia mista indicam que o distúrbio de escrita acompanha mais o distúrbio motor da linguagem do que o distúrbio de leitura. Isso seria impossível se a escrita não tivesse se configurado de forma independente das imagens das letras em pessoas com mais prática. Creio que também a auto-observação mostra que, com exceção de palavras estrangeiras, nomes próprios e palavras que aprendemos somente pela leitura, nós não nos apoiamos no elemento visual ao escrevermos de forma espontânea.[72]

O distúrbio do reconhecimento das letras naturalmente acarreta também a incapacidade de ler. Por outro lado, pode ocorrer o distúrbio de leitura com a manutenção da capacidade de reconhecer as letras, e isso como consequência de diversas lesões e estados, como é facilmente compreensível a partir das observações anteriores sobre os complexos processos de associação que ocorrem durante o ato da leitura. O distúrbio de leitura pode ser consequência apenas de uma leve exaustão da função visual, sem que haja uma afasia motora ou um distúrbio de associação acústico (por exemplo, um caso de Bertholle, citado por Bernard; a dislexia, como chamada por Berlin[73]). Será possível reconhecer nesse caso que a incapacidade de ler é precedida por uma tentativa de soletrar que funciona durante algum tempo, e então se poderá concluir que o elemento visual prejudicado consegue executar a atividade mais simples de associar as imagens visuais com o elemento acústico ou cinestésico, mas não dá conta de executar a múltipla repetição e a ordenação correta dessas atividades – as quais, para levar à leitura, ainda precisam ocorrer com uma certa rapidez. Esse é um caso de perda do desempenho mais complicado, com a conservação do mais simples.

O distúrbio da leitura pode ser também resultado de um prejuízo do elemento motor da linguagem e outras vezes do acústico, deixando naturalmente de existir um significado diagnóstico do mesmo. Sou da opinião de que se pode afirmar, de maneira geral, que a afasia motora suprime tanto a compreensão da leitura quanto a chamada leitura mecânica, já que a compreensão da leitura ocorre apenas após a transferência da excitação dos elementos visuais para os motores por meio da associação destes últimos com os elementos acústicos. No caso de lesão acústica, por outro lado, assim como de assimbolia, a leitura puramente mecânica pode ser mantida. De resto, a explicação dos distúrbios da leitura, os quais não intenciono abordar em detalhes, apresenta algumas dificuldades que não podem ser solucionadas nem por simples fatores tópicos nem pela suposição de alterações funcionais conhecidas. Em casos complexos são conservadas às vezes umas, outras vezes outras partes da função, provavelmente dependendo de que se tenha mantido ativa aqui ou ali uma quantidade maior de elementos que servem para a associação em uma determinada direção.

3) O elemento motor (imagem da inervação e do movimento) oferece menores dificuldades ao nosso ponto de vista. Nós supomos que, para ele, os estímulos arbitrários e associativos quase sempre coincidem, já que, na fala espontânea, fala-se através das imagens acústicas. O chamado estímulo periférico também é uma associação, já que ele ocorre a partir do elemento acústico (no caso da repetição de algo ouvido) ou do visual (no caso da leitura em voz alta). Aparentemente, há casos em que este último estímulo é bem-sucedido enquanto o primeiro falha, e vice-versa. Ao discutirmos a chamada afasia motora transcortical, abordamos o caso em que o elemento motor ainda é capaz de funcionar em reação a um estímulo periférico-associativo, enquanto seu funcionamento falha em reação a um estímulo arbitrário-associativo.

De resto, a concepção da forma mais antiga e mais conhecida do distúrbio da linguagem, a afasia motora, oferece mais dificuldades do que se pensa. Nós já mencionamos a incerteza sobre se, no caso da afasia motora, a atividade de associação simbólica (estímulo arbitrário das imagens acústicas) está realmente intacta. A comprovação do contrário revelaria que a suspensão do elemento motor exerce a mesma influência enfraquecedora sobre a função do elemento acústico que já conhecemos há tempos no caso de efeito inverso. Inexplicados são ademais os casos de afasia motora com cegueira para letras, que dificilmente podem ser atribuídos a uma coincidência casual.[74] Por fim, ainda aguarda uma explicação satisfatória o fato de os casos de perda total da linguagem motora serem tão frequentes, e os de limitação do vocabulário à metade ou a um terço praticamente inexistirem. Os casos desse último tipo revelam-se, em uma análise mais acurada, sempre como afasias sensoriais. Parece que, assim que uma lesão se revela apta a prejudicar o desempenho motor da linguagem, ela quase sempre o aniquila completamente (com exceção dos conhecidos parcos restos de linguagem).

Aqui não há, digamos, uma paresia, mas simplesmente uma paralisia. A incapacidade de melhora da maioria dos casos de afasia motora também merece ser considerada. Essa se opõe flagrantemente à recuperação repentina e total da linguagem em outros casos. O fato de a falta de linguagem nos primeiros dias depois da doença não ter nenhum significado diagnóstico é incontestável. Ela pode ocorrer, independente do local onde a lesão se encontre, e pode ser compreendida pelo abalo do aparelho que até então estava acostumado a trabalhar com todos os seus recursos.

4) Eu não pretendo apresentar um esclarecimento semelhante para o elemento quiromotor. Algumas observações
importantes para o mesmo foram apresentadas no esclarecimento da atividade visual da linguagem.

EM COMPENSAÇÃO, preciso considerar um ponto de vista interessante e importante, cuja introdução na teoria da afasia
nós devemos a Charcot,[75] porque sua aceitação nos obrigaria
a limitar ainda mais nossos esforços de esclarecimentos. Nós
partimos do pressuposto de que, apesar de uma possibilidade
de associação polivalente entre os elementos da função da linguagem, algumas direções associativas são preferidas durante a
atividade funcional, de forma que a patologia dos distúrbios da
linguagem não deve contar com todas as associações possíveis
entre os elementos da linguagem, mas apenas com uma determinada quantidade das mesmas. Além disso, nós supusemos
que essas direções associativas são aquelas que entraram em
consideração no momento da aprendizagem dos desempenhos
da linguagem. Para a concepção de Charcot, não existe uma
distinção generalizada de determinadas direções associativas.
Todas as conexões entre os elementos da linguagem parecem ter
inicialmente a mesma qualificação para exercer suas funções, e
a prática individual ou a organização individual definem se esse
ou aquele elemento da linguagem servirão como elemento de
coesão, como nódulo para os outros. Por conseguinte, uma pessoa falaria, escreveria ou leria preponderante ou exclusivamente
com ajuda de seus elementos de percepção cinestésicos, e outra
se utilizaria, para os mesmos fins, dos elementos visuais etc. A
dependência contínua da atividade de associação da linguagem
da participação dos elementos acústicos estaria descartada.

É fácil compreender como os distúrbios da linguagem, sob o pressuposto de uma relação como essa, teriam de se configurar de formas diferentes no caso da mesma lesão. Um "falante motor" poderia suportar um dano dos elementos acústicos e visuais com efeitos quase imperceptíveis, mas um dano do elemento motor acabaria com quase todos os seus desempenhos de linguagem, não apenas os motores. Um falante "visual" não apenas se tornaria, em consequência de uma lesão do elemento visual, cego para as letras, mas também ficaria incapacitado de se servir de todo o aparelho de linguagem, ou poderia utilizá-lo apenas da forma mais rudimentar. Nós induziríamos o diagnóstico da afasia a um erro grosseiro, se pretendêssemos deduzir o local ou a extensão da lesão a partir da supressão de função sem termos antes nos assegurado de que conhecemos a preferência individual por um determinado elemento. No entanto, esse conhecimento raramente pode ser adquirido.

Ninguém ainda quis refutar totalmente esse ponto de vista de Charcot. No entanto, ainda não está claro quão importante ele é para a teoria dos distúrbios da linguagem. Reivindicações extremas, como a levantada, por exemplo, por Stricker,[76] em relação ao valor destacado do elemento motor para a fala, foram rejeitadas por Ch. Bastian com a seguinte observação: ele primeiro aguardaria até que lhe fosse mostrado um caso em que uma pessoa tivesse passado a sofrer de surdez verbal após a destruição do centro de Broca. Penso que a patologia dos distúrbios da linguagem ainda não encontrou uma oportunidade para atribuir à hipótese de Charcot uma grande relevância para o fenômeno generalizado da perda de funções. Pois não se pode excluir a possibilidade de que essa preferência habitual por um ou outro elemento da associação da linguagem exista enquanto o aparelho de linguagem dispuser de todos os seus recursos, mas que em casos de adoecimento, mediante uma redução geral da atividade associativa, a relevância das direções associativas originalmente exercidas volte a emergir. Decerto, porém, seria injusto esquecermos de todo a ideia de Charcot e nos deixarmos desviar para a rigidez esquemática na interpretação dos distúrbios da linguagem. *"Different amounts of nervous arrangements in differents positions are destroyed with different rapidity in different persons"*, diz Hughlings Jackson.*

PODEMOS AGORA TER uma visão geral do caminho que percorremos neste estudo: partimos da descoberta de Broca, que foi o primeiro a associar uma determinada forma de distúrbio da linguagem, a afasia motora (a qual ele chamou de afemia), à lesão de um determinado ponto do córtex cerebral. Conforme Wernicke repetiu esse ato para uma segunda forma de afasia, abriu-se o caminho para se explicar diversos distúrbios da linguagem por meio de diversas localizações da lesão. Wernicke diferenciou estritamente os centros e as vias condutoras da linguagem, caracterizando os centros como armazéns para depósito de imagens mnêmicas, e apresentou, além das duas formas principais anteriormente citadas, uma afasia de condução. Ao considerar as possíveis ligações dos centros da linguagem com o restante do córtex cerebral, Lichtheim aumentou então a quantidade das afasias de condução e procurou explicar uma maior variedade das formas de distúrbios da linguagem como

---

* "Quantidades diferentes de combinações nervosas em diferentes posições são destruídas com rapidez diferente em pessoas diferentes." (N.T.)

afasias subcorticais e transcorticais. Com isso, a oposição entre afasias centrais e afasias de condução tornou-se a chave para a compreensão dos distúrbios da linguagem. Por outro lado, Grashey, na explicação das amnésias, abandonou completamente o campo da explicação por localização e atribuiu uma classe de distúrbios da linguagem, em uma análise arguta, à alteração de uma constante funcional no aparelho de linguagem. Com isso, os distúrbios da linguagem se dividiram em duas classes, as afasias por lesão localizada e as amnésias por alteração funcional sem localização exata.

Nós partimos da intenção de averiguar se a localização de fato poderia contribuir tanto para o esclarecimento dos distúrbios da linguagem, o que incluía também a questão sobre se seria correto se distinguir entre centros e vias condutoras da linguagem e os distúrbios da linguagem correspondentes a eles. Primeiramente, analisamos a afasia de condução de Wernicke e descobrimos que, segundo o próprio esquema de Wernicke, ela teria de ter características diferentes daquelas que ele lhe atribui, características, aliás, que provavelmente nunca encontraremos na realidade. Depois nos voltamos para a afasia de condução de Lichtheim, a chamada afasia motora transcortical, e demonstramos, com base nos resultados de várias autópsias, que a mesma deve-se a uma lesão dos próprios centros (do motor ou do sensorial) e não de uma via de condução, e que a via cuja lesão Lichtheim cita para explicar essa forma de afasia provavelmente sequer existe. Nós então abordamos outras afasias sub ou transcorticais e descobrimos, a cada vez, que nesses casos se tratavam de lesões no próprio córtex. Apenas para a afasia sensorial transcortical nós tivemos de admitir, sob o nome de "assimbolia", uma localização especial. Um caso de Heubner forneceu um apoio insubstituível ao nosso ponto de vista. Nós precisávamos, porém, de uma explicação para o fato de lesões com a mesma localização (apenas no próprio córtex cerebral) gerarem quadros clínicos tão diferentes, e a buscamos considerando a hipótese de que os chamados centros da linguagem reagem como um todo com uma alteração da função a lesões que causam destruições parciais. Os tipos de alterações da função nós deduzimos de Ch. Bastian, que reconhece três estados patológicos de um centro: 1) a sua não excitabilidade a estímulos arbitrários com a conservação da excitabilidade por vias associativas e como reação a estímulos sensíveis; 2) a sua não excitabilidade, a não ser por estímulo sensível; 3) a sua total inexcitabilidade.

Enquanto recorríamos, assim, a fatores funcionais para explicar as chamadas afasias de condução, tivemos de contestar que Grashey conseguisse explicar um caso de amnésia apenas pela alteração da função. Nós demonstramos também aqui o fator tópico da lesão e esclarecemos o caso de Grashey com o auxílio de uma das modificações de Bastian.

Com isso, rejeitamos a distinção entre afasia central e de condução e a separação entre afasias e amnésias. Cabia-nos então a tarefa de obter uma nova representação da estrutura do aparelho de linguagem e indicar de que forma os fatores tópicos e funcionais se impõem nos distúrbios desse mesmo aparelho.

Assim, após uma digressão crítica para a teoria de Meynert sobre a estrutura do cérebro e sobre a localização das representações no córtex, nós rejeitamos sucessivamente as hipóteses de que seria possível se desviar as imagens mnêmicas com as quais a função da linguagem trabalha para um local diferente do processo pelo qual elas são associadas; de que a associação seria providenciada por feixes de fibras brancas subcorticais; e de que os centros de linguagem delimitados seriam separados por uma área sem função que aguarda ser ocupada por novas aquisições. Contribuiu para nossa ideia da estrutura do aparelho de linguagem a percepção de que os chamados centros de linguagem são adjacentes, em sua parte externa (na direção da borda), a outros centros corticais relevantes para a função da linguagem, enquanto em sua parte interna (na direção do núcleo) eles contornam uma área não ocupada pela localização que provavelmente também é um campo de linguagem. Portanto, o aparelho de linguagem revelou-se como uma parte coesa de região cortical no hemisfério esquerdo entre as extremidades corticais do nervo auditivo e do visual, das fibras motoras da linguagem e do braço. As partes do campo da linguagem contíguas a esses campos corticais adquirem – com uma limitação necessariamente indeterminada – o significado de centros de linguagem no sentido da anatomia patológica, não da função, porque sua lesão elimina a ligação de um dos elementos da associação da linguagem com os outros, o que uma lesão localizada em um ponto central do campo da linguagem já não consegue. Nós acrescentamos ainda a hipótese de que esse campo de linguagem também está conectado com os campos corticais do hemisfério direito por meio de fibras brancas da grande comissura cerebral e que essas ligações também irradiam para as partes mais periféricas do campo da linguagem (os centros de linguagem!). Dentro desse campo de linguagem nós reconhecemos apenas afasias de condução – afasias devidas à interrupção das associações –, e não concedemos a nenhuma lesão subcortical a capacidade de causar afasia, já que o campo de linguagem tem apenas uma via própria: o feixe que atravessa a articulação da cápsula interna, e cuja lesão se revela pela anartria.

Ao considerarmos o efeito de lesões sobre esse aparelho, percebemos que essas lesões podem causar três tipos de afasia: 1) a afasia puramente verbal, 2) a assimbólica e 3) a agnósica. A descoberta desta última foi uma demanda necessária de nossa teoria, segundo a qual a destruição concomitante do campo cortical direito e esquerdo deveria ter a mesma consequência para um dos elementos envolvidos na associação da linguagem que a destruição unilateral do ponto nodal desse mesmo elemento.

Do ponto de vista psicológico, nós reconhecemos a palavra como um complexo de representações que está ligado em sua extremidade sensível (a partir da imagem acústica) com o complexo das representações-objetos. Descrevemos a afasia verbal como um distúrbio dentro do complexo verbal, a afasia assimbólica como uma separação do mesmo das associações de objetos, e a afasia agnósica como um distúrbio puramente funcional do aparelho de linguagem.

Por fim, revelou-se decisivo para o efeito das lesões sobre o aparelho de linguagem assim estruturado se a lesão é completa ou parcialmente destrutiva, e se ela está localizada na parte interna ou na periferia do campo da linguagem. Se ela estiver na periferia do campo da linguagem (ou seja, em um dos chamados centros de linguagem), então ela tem efeito tópico. Dependendo da destruição que causa, total ou parcial, ela pode acarretar apenas a falta de um dos elementos da associação da linguagem, ou alterar sua situação funcional, conforme descrito pelas modificações de Bastian. Se a lesão no campo da linguagem for central, então todo o aparelho de linguagem sofre distúrbios de função que surgem devido à sua natureza de mecanismo associativo, e os quais nós tentamos listar.

BEM SEI QUE as discussões acima podem não ter deixado uma impressão satisfatória no leitor. Eu procurei abalar uma teoria cômoda e agradável dos distúrbios da linguagem, e caso tenha sido bem-sucedido pude deixar em seu lugar apenas uma teoria menos evidente e menos completa. Espero apenas que a concepção defendida por mim faça mais jus às circunstâncias reais e esclareça melhor as dificuldades realmente existentes. Pois o esclarecimento de um tema científico se dá a partir de problemas formulados de maneira assim clara. Eu gostaria de expressar o cerne de minha opinião mais uma vez em algumas breves palavras: os autores que escreveram anteriormente sobre afasia, e que tinham conhecimento da relação de apenas um local do córtex cerebral com o distúrbio da linguagem, viram-se forçados, devido a essa incompletude de seu conhecimento, a buscar a explicação para a diversidade dos distúrbios da linguagem nas peculiaridades funcionais do aparelho de linguagem. Depois que Wernicke descobriu a relação do local que recebeu o seu nome com a afasia sensorial, surgiu necessariamente a esperança de explicar toda essa diversidade a partir das circunstâncias da localização. Parece-nos, então, que aqui o significado do fator da localização para a afasia foi superestimado, e que estaremos agindo direito se nos ocuparmos, por outro lado, das condições funcionais do aparelho de linguagem.

As Afasias de 1891

LUIZ ALFREDO GARCIA-ROZA

A RESPEITO DESSE ESCRITO que inaugura a série dos trabalhos teóricos de Freud, o próprio autor expressa a seguinte opinião numa carta a Fliess datada de 2 de maio de 1891: "Nele, sou muito despudorado, terço armas com seu amigo Wernicke, com Lichtheim e Grashey, e chego até a arranhar o poderosíssimo ídolo Meynert."

Trata-se, portanto, de um combate cujo campo de batalha é indiscutivelmente a neurologia, e pela observação de Freud, não há mortos, mas apenas feridos e mesmo assim o mais poderoso dos adversários sofre apenas alguns arranhões. Os adversários são claramente nomeados – Wernicke, Lichtheim, Grashey –, Meynert permanece como uma mistura de mentor intelectual e candidato a arqui-inimigo. A batalha será travada em torno da questão das afasias.

1. A teoria das localizações cerebrais

O que de melhor havia na literatura médica sobre a afasia,* até 1891, estava contido nos estudos de Wernicke, Lichtheim, Gra-

---

* A afasia é, num sentido lato, um distúrbio da memória, e num sentido estrito, uma perturbação de linguagem. Distinguem-se comumente dois tipos de afasia: a afasia sensorial e a afasia motora. Na primeira, há uma perda da compreensão da linguagem, embora seja mantida a capacidade

shey, Hughlings Jackson, Bastian e Charcot, todos citados por
Freud logo no primeiro parágrafo do seu livro. Não há entre
eles identidade de pontos de vista, sendo que sob alguns aspectos Hughlings Jackson e Charcot colocam-se em oposição a
Grashey, Lichtheim e Wernicke. E é nas teorias destes últimos
que Freud se detém mais demoradamente em sua análise. As
teorias desses autores continham duas hipóteses que Freud se
propõe refutar. Como essas hipóteses foram absorvidas pela
teoria de Wernicke e consideradas por ele como fundamentais,
Freud dirige sua crítica à teoria de Wernicke em particular.

A primeira hipótese afirma uma distinção entre a afasia
decorrente da destruição de centros e a decorrente da destruição das vias de condução; a segunda hipótese refere-se às
relações recíprocas entre os diferentes centros responsáveis
pela linguagem. Estas duas hipóteses implicam a redução
das funções do sistema nervoso a regiões anatomicamente
determinadas, o que ficou conhecido como teoria das localizações cerebrais.

O ponto de partida da teoria das localizações foi uma comunicação feita por Paul Broca à Sociedade Anatômica de
Paris, em 1861, com o título *Sur le siège de la faculté du langage
articulé avec deux observations d'aphémie.** A partir de dissecções
feitas em cérebros humanos, Broca conclui que uma lesão da
terceira circunvolução do lobo frontal esquerdo tem como
consequência a perda total ou uma redução acentuada da
linguagem articulada, permanecendo as outras funções da

---

da pessoa de se servir da linguagem articulada; na segunda, a pessoa perde
a capacidade de pronunciar as palavras, embora mantenha a compreensão
do que as pessoas dizem.
* Afemia é a perda da memória para palavras.

linguagem, assim como a inteligência, intactas. Treze anos depois, Wernicke publica *Der aphasische Symptomencomplex* (*O complexo sintomático da afasia*), pequeno escrito no qual ele descreve, também a partir de dados fornecidos pela autópsia cerebral, o correlato sensorial da afasia motora de Broca: a perda da compreensão da linguagem com a manutenção da capacidade da fala. A partir de então, a linguagem fica referida, em termos do cérebro, a um centro motor (área de Broca), a um centro sensorial (área de Wernicke) e a um sistema de fibras de associação ligando as duas áreas.

A perspectiva que se abre com as teses de Broca e de Wernicke, particularmente a partir dos trabalhos deste último, é a de se poder articular os diversos distúrbios da linguagem observados na clínica a lesões cerebrais localizadas, além de uma compreensão do processo fisiológico da linguagem como sendo um reflexo cerebral. No entanto, essa perspectiva não se mostrou tão sólida e isenta de conflitos como pretendiam os defensores da abordagem patológico-anatômica dos distúrbios da linguagem. Quanto a estender a ideia de centros às funções psíquicas em geral, o próprio Wernicke se coloca numa posição prudentemente restritiva. Somente as funções mais elementares podem ser localizadas, diz ele, funções complexas implicam a articulação de várias áreas corticais através de um sistema de associações, não podendo ser localizadas numa área única. Em se tratando, porém, de excitações sensoriais elementares, Wernicke afirma que elas deixam no córtex cerebral traços duráveis que são conservados em células isoladas. Segundo ele, os muitos milhões de corpos celulares do córtex cerebral são suficientes para armazenar sem dificuldade cada uma das impressões sensoriais decorrentes do mundo exterior.

A estes resíduos de excitações passadas, Wernicke chama de "imagens mnêmicas".[1] Enquanto as imagens mnêmicas dos movimentos da linguagem são conservadas no centro motor (área de Broca), as imagens sonoras são armazenadas no centro sensorial (área de Wernicke). Uma lesão em um destes centros (sensorial ou motor) terá como consequência a afasia sensorial ou a afasia motora. Além da afasia decorrente de uma lesão central, Wernicke propõe ainda uma afasia de condução, decorrente de lesão nas vias de associação entre os centros, particularmente na região da ínsula. A função da ínsula é associar a imagem sonora verbal à imagem motora verbal, e a destruição dessa associação (afasia de condução) provoca o distúrbio da linguagem que Freud denomina de parafasia (sem, no entanto, concordar com a causa apontada por Wernicke).

Freud critica na concepção de Wernicke o fato de ele representar o aparelho de linguagem sem levar em conta a relação que esse aparelho possa ter com o resto da atividade cerebral. O desenvolvimento feito por Lichtheim da teoria de Wernicke não elimina certos problemas que Freud considera insolúveis se for mantida a concepção inicial de Wernicke relativa aos centros e aos sistemas de associação, o que significa manter a distinção entre afasia central e afasia de condução. O fato é que a maioria dos pesquisadores que vieram depois de Wernicke mantiveram sua ideia básica de que as perturbações da linguagem observadas na clínica possuem um fundamento anatômico que é ou a destruição de centros da linguagem ou a destruição das vias de associação entre os centros.

Na opinião de Freud, não apenas a afasia de condução de Wernicke não existe, como certas perturbações descritas por Wernicke e por Lichtheim em nada diferem das confusões e mutilações de palavras feitas por pessoas normais quando fatigadas, desatentas ou sob a influência de afetos perturbadores.[2] Quando Freud declara que "a afasia de condução de Wernicke não existe", ele não está negando a existência dos distúrbios da linguagem observados por Wernicke na clínica, mas sim negando que se trate de "afasia de condução", isto é, de um distúrbio decorrente da destruição da via de associação entre o centro motor e o centro sensorial.

O que Wernicke denomina afasia de condução, Freud denomina parafasia, conferindo-lhe um sentido muito mais amplo do que o conferido por Wernicke à afasia de condução. Trata-se, segundo ele, não de uma perturbação decorrente da destruição da via de conexão entre o centro motor e o centro sensorial, mas sim de *um sintoma puramente funcional*, um índice de uma menor eficiência funcional do aparelho de linguagem considerado como um todo.

De alguma forma, Wernicke já dera um primeiro passo nessa direção ao distinguir uma afasia de centros e uma afasia de condução. Esta última, que corresponde de forma aproximada à parafasia de Freud, era já vista por ele como referida à associação entre centros e não aos centros eles mesmos. Um outro ponto que Freud reconhece como importante na teoria de Wernicke é a afirmação de que a teoria da localização responde pelas funções elementares, mas que em se tratando de representações complexas era necessário recorrer a sistemas de associação articulando as diversas áreas corticais. Tanto Wernicke como Lichtheim reconhecem que a função do centro motor da linguagem depende não apenas da integridade deste centro, mas também da integridade de sua conexão com o centro sensorial. Se Freud de alguma maneira se beneficia desses aspectos da concepção de Wernicke e de Lichtheim, isto não o transforma em beneficiário da teoria das localizações. Quer se trate das parafasias em particular ou dos processos psíquicos em geral, Freud é de opinião que não podemos procurar o substrato fisiológico da atividade mental na função dessa ou daquela parte do cérebro, mas como resultado de processos que abarcam o cérebro em toda sua extensão.[3]

2. A hipótese funcional

Após analisar os casos de afasia descritos a partir da concepção de Wernicke e Lichtheim, e de expor vários quadros cuja sintomatologia é incompatível com a concepção desses autores, Freud conclui pela impossibilidade de uma explicação fundada exclusivamente na hipótese da localização. Tomando como referência um tipo de perturbação da linguagem denominada afasia motora transcortical, propõe uma explicação fundada na hipótese funcional, sendo que o termo "funcional" tem para Freud dois sentidos: no primeiro sentido, "funcional" designa a natureza da relação entre a estrutura do cérebro e o seu modo de funcionamento; no segundo sentido, diz respeito ao fato de que os distúrbios observados na clínica podem ser determinados tanto pela extensão da área cortical lesada como pelas unidades danificadas.[4]

No caso de uma lesão cerebral, duas hipóteses poderiam se verificar quanto ao aparelho de linguagem: 1ª) A parte lesada do aparelho tornar-se-ia inativa, enquanto outras partes não atingidas funcionariam normalmente; 2ª) O aparelho reagiria como um todo, de forma solidária, apresentando um enfraquecimento na sua função, sem demonstrar uma deficiência em suas partes isoladas.

Segundo Freud, no caso de lesões destrutivas, o aparelho de linguagem responde de acordo com a segunda hipótese acima, isto é, responde à lesão de forma solidária, como um todo, apresentando uma perturbação funcional. Assim, na primeira hipótese apresentada acima, no caso de uma pequena lesão na circunvolução central anterior, a perturbação decorrente dela pode ser, por exemplo, uma paralisia dos músculos do polegar. Em se tratando do aparelho de linguagem, uma pequena lesão do centro motor não apresentará como efeito a perda de cinquenta ou cem palavras cuja natureza dependa do local da lesão, o que ocorre é uma redução geral da funcionalidade do centro como um todo.[5]

3. O aparelho de linguagem

Já nas primeiras páginas de *Afasias*, Freud introduz o termo *Spracheapparat* (aparelho de linguagem), sem maiores explicações, como se se tratasse de algo banal aos olhos e ouvidos da época. O fato de Meynert já ter feito uso do termo *Seelenapparat* (aparelho da alma),[6] que poderia sugerir alguma semelhança com o *Spracheapparat* de Freud, não torna este último um termo familiar aos neurologistas da época. De fato, embora os termos guardem alguma semelhança (semelhança esta que é ainda maior com o *seelischer Apparat* da segunda tópica freudiana), Meynert está muito mais próximo, conceitualmente, de Wernicke do que de Freud. O aparelho da alma, de Meynert, é um aparelho neuroanatômico regido pela "mecânica do cérebro". O que Freud nos oferece com seu conceito de aparelho de linguagem é algo muito diferente, irredutível às teorias de Wernicke e Meynert. Freud não apenas "arranhou o poderosíssimo ídolo Meynert", como ele diz em sua carta a Fliess, mas na verdade colocou em questão toda a neurologia da época, sobretudo a do "poderosíssimo Meynert", seu professor e orientador na Universidade de Viena.

Num dos poucos estudos existentes sobre este período inicial da produção teórica de Freud, Jacques Nassif[7] propõe traduzir *Spracheapparat* por *"appareil à langage"* e não por *"appareil du langage"*, segundo ele para bem marcar que a linguagem é um *efeito* do funcionamento deste aparelho, e não o aparelho um instrumento da linguagem. Independentemente da razão alegada por Nassif, em português teríamos que traduzir *"appareil à langage"* por "aparelho *para* a linguagem" ou por "aparelho *à* linguagem", ambas as traduções muito artificiais para o leitor brasileiro. Embora eu concorde que em certos casos uma tradução malfeita possa desencadear uma série de mal-entendidos teóricos, não creio que seja este o caso do *Spracheapparat*. Prefiro manter a tradução "aparelho de linguagem" e precisar seu significado no decorrer desta exposição.

Não há nenhuma indicação clara, no texto de Freud, de que ele esteja pretendendo oferecer ao leitor mais do que uma contribuição à concepção das afasias, e nem de que, no que diz respeito ao aparelho de linguagem, este seja mais do que um aparelho de linguagem. Quero dizer, não há nenhuma intenção declarada, como há no *Projeto*, de oferecer uma concepção do aparelho da alma (ou aparelho psíquico, se preferirmos). Trata-se de uma crítica da concepção de Wernicke sobre as afasias, crítica esta que atinge todos os adeptos da teoria da localização, não se tratando, portanto, de uma proposta explícita de construção de um modelo teórico de aparelho psíquico e sim de algo mais restrito, concernente apenas à linguagem. No entanto, e este é um ponto importante, é precisamente pelo fato de este aparelho dizer respeito à linguagem que ele vai poder funcionar como modelo para se pensar o inconsciente, o que o transforma no primeiro aparelho da alma, antecipando-se àqueles que Freud nos apresenta no *Projeto* de 1895 e em *A interpretação de sonhos*.[8]

A compreensão da contribuição genial que Freud faz nesse texto levou alguns comentadores mais entusiasmados a afirmarem que nele "Freud faz linguística e, em bastantes aspectos, muito para além da posição de Jakobson...".[9] O entusiasmo do comentador é compreensível, posto que em *Afasias* já está presente não apenas a superação da distinção rígida entre o normal e o patológico (como quando Freud afirma que a parafasia que observamos em alguns doentes não se distingue fundamentalmente daquela que podemos observar em pessoas normais quando sob efeito do cansaço ou sob efeito de estados emocionais intensos), como também uma antecipação da teoria sobre o ato falho, o chiste e o lapso como exemplos vivos de condensação e de deslocamento operados pela linguagem. Não creio, porém, que isto faça do texto de Freud um texto de linguística. Que *Afasias* contenha notáveis antecipações de textos psicanalíticos apontados como inaugurais, é algo com o que podemos concordar, mas que nele Freud faça linguística não é uma afirmação que nos ajude a compreendê-lo no que ele tem de ruptural em relação aos textos dos mestres citados pelo próprio Freud. O texto de Freud é um texto de neurologia. O que podemos dizer é que, enquanto texto de neurologia, ele dá

lugar a questões que ultrapassam em muito as da neurologia
da época, e que aponta para uma problemática que não é mais,
sequer, a da própria neurologia, mas que também não é a da
linguística, e sim a da psicanálise.

Zur Auffassung der Aphasien é um texto de neurologia, e é
também o texto de um clínico que, a partir da escuta do discurso do afásico, pretende articular as perturbações de linguagem encontradas na clínica com perturbações funcionais
do aparelho de linguagem, aparelho este que ele descreve em
termos estritamente neurológicos. Trata-se de discutir a possível determinação da relação entre uma lesão orgânica e uma
perturbação funcional, em vez de se supor uma causalidade
mecânica a partir de lesões em centros específicos. A noção de
perturbação funcional, introduzida por Freud ainda na parte
inicial do texto,[10] é de fundamental importância. O termo perturbação funcional designa uma série de efeitos que devem ser
relacionados com o funcionamento global do aparelho, em
vez de serem explicados em termos de uma relação mecânica
entre o clinicamente observado e o anatômico.[11]

Não se deve depreender da abordagem funcionalista de
Freud que ele recusa qualquer referência a lugares anatômicos.
O que ele nos obriga a fazer é repensar a questão da relação
entre funções e localizações, os elementos tópicos sendo sub-
metidos a arranjos e rearranjos que obedecem a exigências
funcionais.[12] A antiga teoria da localização afirmava uma relação ponto a ponto entre os estímulos provenientes do mundo
externo e representações localizadas em determinados pontos
do córtex cerebral, de tal forma que as representações corres-
ponderiam a uma projeção dos elementos da periferia. A condução da excitação, da periferia ao córtex, era concebida como

sendo feita pelas fibras nervosas, puros condutores que não
interferiam no processo de condução (quando isto ocorria era
no sentido de provocar uma perturbação do processo). A ideia
central desta concepção, que é a dominante na época em que
Freud escreve o *Afasias*, é a de que as fibras nervosas devem
permanecer imutáveis com a passagem da excitação, devendo
apenas fazer a ligação entre a periferia e o centro. Sobre essa
concepção ele escreve o seguinte: "Na psicologia, a representação simples é para nós algo elementar que podemos distinguir
muito bem de suas ligações com outras representações. Assim
chegamos à hipótese de que o seu correlato fisiológico, a modificação, a qual parte da fibra nervosa excitada que termina
no centro, também é algo simples que pode ser localizado em
um ponto. *Uma transposição como essa é, claro, totalmente injustificada...*" [13] O que está sendo recusado aqui são as ideias de
que, por um lado, a representação é uma cópia da impressão
e está localizada na célula nervosa do córtex, e por outro, de
que as associações entre as representações se fazem em outro
lugar, nas massas fibrosas brancas, por exemplo, em vez de se
darem ambas, representações e associações, no córtex. Freud
também recusa a ideia de que as fibras nervosas sejam me-
ros condutores neutros sem nenhuma interferência sobre a
transmissão da excitação que não seja uma interferência per-
turbadora. "Se acompanharmos uma via sensível (centrípeta)
até aonde ela nos é conhecida ... somos obrigados a aceitar a
ideia de que uma fibra, em seu caminho até o córtex cerebral,
modifica seu significado funcional...",[14] sendo que esta mudança é maior em se tratando da condução da sensibilidade
da pele e dos músculos do que, por exemplo, a que ocorre
na transmissão de uma impressão retiniana. A transmissão

de uma impressão, seja ela qual for, não se faz de forma simples e linear, mas através de sistemas de condução passando por estágios distintos que diminuem sua intensidade (por complexão, como veremos no *Projeto*). Essa mudança de significação funcional corresponde a uma tradução, implicando uma estrutura de código que estabelece a comunicação entre as excitações provenientes da exterioridade e o receptor do tecido cortical.[15]

4. O fisiológico e o psicológico

Vimos que a crítica de Freud à teoria da localização das faculdades psíquicas encontra um tímido precedente no próprio Wernicke quando este afirma que apenas em relação aos elementos psíquicos mais simples a teoria seria aplicável. E Freud pergunta se não estaríamos incorrendo no mesmo erro de princípio, quer aceitemos a localização de elementos simples, quer a de conceitos complexos ou de atividades mentais consideradas como um todo. A própria noção de mudança de significação funcional que vimos acima, com referência à fibra nervosa, tornaria insustentável a hipótese localizacionista tanto quando aplicada a atividades complexas como quando aplicada a elementos simples. O que está em causa aqui é a ideia de que uma representação seja o efeito mecânico da estimulação periférica, ou mais amplamente, a ideia de que o processo psicológico seja um epifenômeno ou uma duplicação mecânica do processo fisiológico. "A cadeia dos processos fisiológicos no sistema nervoso provavelmente não tem uma relação de causalidade com os processos psíquicos. Os processos fisiológicos não terminam simplesmente onde os psíquicos se iniciaram. Na verdade, a cadeia fisiológica continua, só que cada membro da mesma (ou alguns membros individuais) corresponde, a partir de um dado momento, a um fenômeno psíquico. Com isso o processo psíquico é um processo paralelo ao fisiológico (*a dependent concomitant*)."[16] Um concomitante dependente e não um efeito mecânico. O paralelismo afirmado por Freud exclui qualquer reducionismo simplista. O empirismo de Freud, tal como o de Hume, implica a possibilidade do novo, de algo que não se encontra contido no dado sensorial elementar.

A partir deste ponto, a noção de "impressão" é substituída pela de "correlato fisiológico", substituição esta que corresponde à passagem da noção de "elemento" para a noção de "processo". Não se trata mais de estabelecer uma relação mecânica entre elementos sensoriais (impressões) e elementos psíquicos (representações), mas de assinalar o paralelismo entre duas ordens de processos: "Qual é então o correlato fisiológico da representação simples ou da representação que retorna em seu lugar?", pergunta Freud. "Aparentemente nada em repouso, mas algo que tenha a natureza de um processo."[17] Esse processo, que se inicia numa determinada área do córtex encefálico, difunde-se, a partir desse ponto inicial, por todo o córtex, ao longo de vias particulares. É esta modificação no córtex que tornará possível a recordação, isto é, a possibilidade de essas mesmas vias serem novamente percorridas quando a mesma área cortical for novamente excitada. Freud ainda não dispunha nesta época do conceito de inconsciente (entendido como um sistema psíquico), daí afirmar que "é bastante duvidoso que essa modificação também corresponda a algo psíquico; nossa consciência não indica nada que justifique o

nome 'imagem mnêmica latente' do lado psíquico",* mas se
o mesmo estado cortical se repete, ressurge o psíquico sob a
forma de uma imagem mnêmica. A ideia de um processo que
se dá ao longo de caminhos particulares, deixando no córtex
uma modificação que torna possível a recordação, prenuncia
a importância que será concedida à noção de *Bahnung* (facili-
tação) central no *Projeto* de 1895.

Um aparelho funcionando em termos de processos: esta é a
concepção que vai tomando corpo a partir da crítica de Freud
a Wernicke, Lichtheim e Meynert. Não há mais possibilidade,
a partir deste ponto, de se separar representação de associação;
ambas dizem respeito, segundo Freud, a um mesmo processo.
É impossível termos uma sensação sem a associação; não se
trata de dois processos, mas de dois aspectos de um mesmo
processo, de tal forma que localização de uma representação
em nada difere da localização do seu correlato, ambas tendo
início num ponto do córtex e abarcando uma certa extensão
através de "caminhos particulares". As noções de processo e
de aparelho passam a ser solidárias.[18] "Sensação" e "associação" correspondem a dois aspectos de um mesmo processo,
processo este que é unitário e indivisível, e não a dois processos distintos correspondendo a regiões diferentes do sistema
nervoso. Volto a assinalar que isto não significa uma recusa
a que se fale de "lugares" e de "localizações", mas sim que a

---

* Ver, neste volume, p.73. É no entanto instigante o fato de encontrarmos
no artigo [verbete?] "Histeria", de 1888, a afirmação de que "a evolução
dos distúrbios histéricos muitas vezes exige uma espécie de incubação,
ou melhor, um período de latência, durante o qual a causa desencadeante
continua atuando *no inconsciente*". E não há qualquer dúvida quanto ao
emprego substantivo do termo – *das Unbewusste*.

localização de uma representação é a mesma que a localização do seu correlato fisiológico. Um outro aspecto da concepção freudiana é que não apenas o processo é unitário e indivisível, isto é, não há dualidade entre a impressão e a associação, mas o próprio aparelho psíquico é unitário e indivisível, isto é, que ao texto psíquico corresponde, como correlato, um tecido fisiológico que lhe serve de suporte. Não há relação de causalidade entre o fisiológico e o psíquico, mas um paralelismo ou uma correspondência entre o processo fisiológico sensorial, o processo nervoso no nível cortical e o processo psicológico que é o registro próprio da representação.

A ideia do psicológico como um simples efeito mecânico do fisiológico já havia sido denunciada por Hughlings Jackson, a quem Freud rende homenagem, transcrevendo a seguinte passagem: "Em todos os nossos estudos de enfermidades do sistema nervoso temos de precaver-nos contra o engano de que estados físicos nos centros inferiores transformam-se em estados psíquicos nos centros superiores; por exemplo, de que vibrações dos nervos sensoriais se tornam sensações ou de que, de um modo ou de outro, uma ideia produz um movimento."[19] Assim, não apenas é recusada uma concepção epifenomenista do processo psíquico como, em função do caráter estrutural da organização neuronal, da não dissociação entre representação e associação, a representação é entendida por Freud não como representação de um objeto, mas como a diferença entre duas séries de associações.[20]

É, porém, no que diz respeito especificamente ao problema da linguagem que Freud rende as maiores homenagens a Hughlings Jackson. A concepção jacksoniana de que o aparelho de linguagem apresenta diferentes níveis funcionais sob diferentes condições patológicas foi um poderoso reforço à crítica freudiana da teoria das localizações. Jackson defendia a teoria da retrogressão funcional no caso da afasia. Segundo sua teoria, há, na afasia, uma perda regular da habilidade linguística, de tal forma que os níveis mais complexos e refinados se perdem primeiro, enquanto os níveis mais primitivos são conservados durante um tempo maior, sendo os últimos a serem atingidos. Jackson concebe essa retrogressão como uma involução, isto é, uma passagem do mais organizado e diferenciado para o menos organizado e menos diferenciado, como um processo que segue o sentido inverso do evolutivo.

5. O território da linguagem (*das Sprachgebiet*)

Na conclusão do capítulo 5 de *Afasias*, Freud faz um resumo de suas conquistas teóricas: "Assim, rejeito as hipóteses de que o aparelho de linguagem seja composto de centros especiais separados por regiões corticais sem função e de que em determinados pontos do córtex, os quais seriam chamados de centros, estejam armazenadas as representações (imagens mnemônicas) que servem à linguagem, enquanto sua associação é providenciada exclusivamente por massas de fibras brancas sob o córtex. Então resta-nos apenas anunciar o ponto de vista de que a *área da linguagem do córtex é uma área cortical coesa* dentro da qual as associações e transferências em que as funções da linguagem se baseiam ocorrem com uma complexidade que desafia a compreensão."[21] É essa a ideia de um território da linguagem constituído por uma *área cortical contínua* que vai permitir a Freud conceber um *aparelho de linguagem* entendido como um campo de associações e de transferências (*Associationen und Übertragungen*).

Aqui já temos uma concepção que difere fundamentalmente daquelas defendidas por Wernicke, Lichtheim e Meynert, e bastante distanciada do elementarismo de Locke e de seus seguidores. No que se refere à representação, as diferenças, até este ponto da exposição, já são notáveis: em primeiro lugar, porque a representação não é mais concebida como estando contida na célula nervosa; em segundo lugar, porque ela não é mais pensada com independência das associações; em terceiro lugar, porque ela não é mais vista como um efeito mecânico da estimulação periférica, uma simples projeção da periferia; finalmente, a ideia de Freud segundo a qual a representação deve ser entendida como a diferença entre duas séries de associações, isto é, como diferença entre séries de processos do aparelho. Para isto, o aparelho tem que ser concebido em termos estruturais e não em termos de uma soma de áreas corticais distintas. O território da linguagem define um lugar que é concebido por Freud como uma totalidade, como algo que não pode ser dividido ou fragmentado em "centros", mas como algo unitário e indivisível, e somente em relação a algo deste tipo podemos empregar o termo "aparelho".

A antiga distinção feita por Wernicke entre afasia sensorial e afasia de condução, ou entre afasia motora e afasia de condução, como decorrentes de lesões nas áreas sensorial ou motora, de um lado, e de lesão nas vias de condução, de outro, fica descartada por Freud. Para ele, todas as afasias podem ser pensadas como repousando, em última instância, sobre uma interrupção da condução, isto é, sobre uma ruptura da associação. "A afasia devida à destruição ou à lesão de um 'centro', para mim, não é nem mais nem menos que uma afasia devida à lesão daquelas vias de condução que se reúnem nos pontos nodais chamados de centro."[22]

6. Aparelho de linguagem e efeito de sujeito

Jacques Nassif[23] emprega o termo "efeitos de sujeito" para designar os fragmentos do discurso afásico produzindo alterações no discurso bem-formado. A boa forma do discurso corrente seria subvertida pela emergência das manifestações afásicas.

É a partir da recusa de Freud em aceitar que o princípio de Broussais possa ser aplicado às perturbações da linguagem que a noção de "efeito de sujeito" pode ser pensada. O denominado princípio de Broussais (que na verdade pode ser remontado a Bichat) pretende estabelecer uma relação entre o fisiológico e o patológico de modo a negar ao patológico qualquer possibilidade de criar algo de novo, um princípio que poderia ser enunciado da seguinte forma: "Nada há no patológico que não tenha estado antes no fisiológico" ou "O patológico não cria nada de novo". Para Broussais, a excitação é o fato vital fundamental, e todos os transtornos, físicos ou psíquicos, são decorrentes da deficiência ou do excesso de excitação. Assim, uma excitação, ao se desviar do seu estado normal, produz um estado anormal, sendo que este último nada contém que não seja decorrente da excitação.

Ora, Freud não apenas recusa às chamadas patologias da linguagem um caráter tão marcadamente patológico, já que os mesmos distúrbios podem ocorrer em pessoas sem nenhuma lesão cerebral, em decorrência apenas do cansaço ou de situações emocionais intensas, como admite que o funcionamento da linguagem pode ser definido precisamente como a criação do novo. É o que Nassif assinala ao afirmar que "os fragmentos de discurso afásico não têm outro papel que o de subverter a essência do discurso bem-formado. Os exemplos aparecem como *efeitos de sujeito*."[24]

O termo "efeitos de sujeito" deve ser tomado aqui não apenas com referência aos discursos dos afásicos considerados por Freud como exemplo, mas também referido ao próprio Freud enquanto produtor do discurso sobre a afasia. É inevitável, aqui, a referência à passagem de Lacan segundo a qual "a psicanálise nos lembra, então, que os fatos da psicologia humana não se poderiam conceber na ausência da função do sujeito definido como efeito do significante",[25] ou ainda: "Consideremos agora a noção de sujeito. Quando se a introduz, introduz-se a si mesmo. O homem que lhes fala é um homem como os outros – serve-se da má linguagem. Si-mesmo está, pois, em causa."[26]

Esse efeito de sujeito não é algo que resulte do aparelho de linguagem considerado isoladamente ou como manifestação de sua natureza essencial. Freud deixa claro, em várias passagens do seu texto, que o aparelho de linguagem (assim como o que futuramente ele denominará aparelho psíquico) não está pronto no ato do nascimento do indivíduo humano, mas que é algo que se constrói, "peça por peça" pela aprendizagem.[27] Essa construção não se faz, por sua vez, sem uma relação *com o outro, não propriamente numa relação com o mundo, mas numa*

relação com um outro aparelho de linguagem. Diferentemente de
um "aparelho perceptivo", que nos colocaria frente a coisas
a serem percebidas, o aparelho de linguagem nos coloca em
presença de um outro aparelho de linguagem que nos introduz
no registro da troca simbólica.

A linguagem é algo que se adquire, assim como o aparelho
de linguagem é algo que se constrói: estas são as teses presentes no texto de Freud. E ambos, o aparelho de linguagem
e a própria linguagem, não têm por objetivo um saber sobre
o mundo, mas o tornar possível articular com um outro, sa-
beres que se constituem na e pela linguagem. A aquisição da
linguagem e, portanto, a construção do aparelho de linguagem se fazem por uma aprendizagem que integra o motor e o
sensorial numa unidade indivisível. Essa aprendizagem Freud
nos descreve em termos de etapas neurológicas de formação
do aparelho de linguagem, e o ponto de partida da sua análise
é a representação-palavra.

7. O aparelho de linguagem e a representação-palavra

O que Freud nos mostra, numa das passagens mais importantes do capítulo 6 de *Afasias*, é que a ordem da aprendizagem
da linguagem e a ordem de entrada em cena das partes do
aparelho constituem uma lei de formação do próprio aparelho.

"Para a psicologia, a unidade da função da linguagem é
a 'palavra', uma representação complexa que se mostra
composta por elementos acústicos, visuais e cinestésicos" ...
"Normalmente são citados quatro componentes da representação-palavra: a 'imagem acústica', a 'imagem visual da letra',

a 'imagem do movimento da fala' e a 'imagem do movimento da escrita'. Essa composição, no entanto, parece mais complexa se abordarmos o provável processo de associação para cada uma das operações de linguagem."[28] O primeiro ponto a se destacar aqui é a afirmação de que a palavra é uma "representação complexa". Isto significa que ela não retira sua "unidade" da "impressão" da qual ela seria um efeito, como pretendia a concepção elementarista. Enquanto representação complexa, sua unidade implica elementos (acústicos, visuais e cinestésicos) que se situam em lugares diferentes do território da linguagem, tornando impossível uma explicação em termos de relação ponto a ponto entre a periferia e o córtex. É através da articulação entre representação e associações que essa unidade complexa vai ser explicada, sendo que a estrutura e o funcionamento do aparelho de linguagem resultam dos modos de associação colocados em jogo na relação com um outro aparelho de linguagem.

Se a palavra é uma representação complexa que inclui componentes acústicos, visuais e cinestésicos, qualquer operação da linguagem, a mais simples que seja, implica a intervenção simultânea de funções relativas a mais de um ponto do território da linguagem, o que faz com que o processo que tem lugar no aparelho de linguagem não possa ser senão um processo de associação (ou de vias de associação).[29] Se quisermos empregar o termo "elementos" para designar as representações, não podemos nos esquecer que esses elementos não podem ser dissociados das associações; é em termos de vias de associação que Freud vai pensar os modos pelos quais as representações vão se constituir como conteúdos do aparelho de linguagem. Representação e associação não podem ser isolados um do outro. São as associações (ou vias de associação) que vão constituir a ordem (ou a natureza) do aparelho de linguagem; ordem esta que evidentemente nada tem a ver com a ordem a priori suposta pela metafísica racionalista. Há uma presença da concepção associacionista em Freud, a questão é definirmos qual associacionismo; não são idênticos os associacionismos de Locke, de Hume, de Hartley ou de Bain. Mais adiante terei ocasião de comentar essa questão.

São as associações as responsáveis pela estruturação do aparelho de linguagem. É importante, contudo, que se faça a distinção entre a associação enquanto relação entre termos e a associação enquanto ela mesma é o termo de uma relação.[30] A associação enquanto relação entre termos é aquela que articula os vários elementos (acústicos, visuais e cinestésicos) que formam uma representação-palavra, de tal modo que nenhum destes elementos possa ser concebido isoladamente (não há imagem motora da palavra sem a imagem acústica e vice-versa); a associação tomada ela própria como termo de uma relação dá-se quando consideramos a própria representação-palavra (portanto, um complexo associativo) na sua relação com as demais representações-palavra. Para essa associação de associações, Freud usa o termo "superassociação": "Está bastante evidente que as associações de linguagem com as quais nossa capacidade linguística trabalha são capazes de uma superassociação", sendo que no caso de lesões o que é "superassociado tende mais a ser prejudicado do que a linguagem primariamente associada".[31] Partindo do fato de que Freud introduz a noção de superassociação a propósito de "aquisições novas", Nassif[32] arrisca a hipótese, não explícita em Freud mas apoiada em seu texto, segundo a qual as imagens sonoras são agenciadas diferentemente segundo o código ao qual pode se relacionar cada sequência com função de mensagem, o que faz com que a associação seja dependente não apenas do aparelho de linguagem, mas também da estrutura significante estabelecida progressivamente pela percepção do material fônico (ou gráfico) de um código dado. Em termos do aparelho de linguagem, uma aquisição nova está ligada à relação que o aparelho estabelece com um outro, fazendo com que a similaridade imposta pelo código se articule com o novo implicado na mensagem. Esta combinatória de processos é o que Freud vai denominar superassociação. Se o aparelho de linguagem se constitui nessa necessária relação com um outro aparelho de linguagem e se cada representação-palavra tem uma extensão diferente dependendo do outro aparelho ao qual ela é destinada, então "o aparelho de linguagem é uma construção implicando uma perpétua reconstrução".[33]

8. O esquema psicológico

É através do esquema da representação-palavra e das associações de objeto que Freud vai abordar o problema da significação e apontar para uma possível concepção do signo como arbitrário. É também a partir desse esquema, particularmente a partir da introdução dos conceitos de agnosia e de assimbolia, que se abre o caminho para a concepção do inconsciente. Eis o esquema apresentado por Freud:

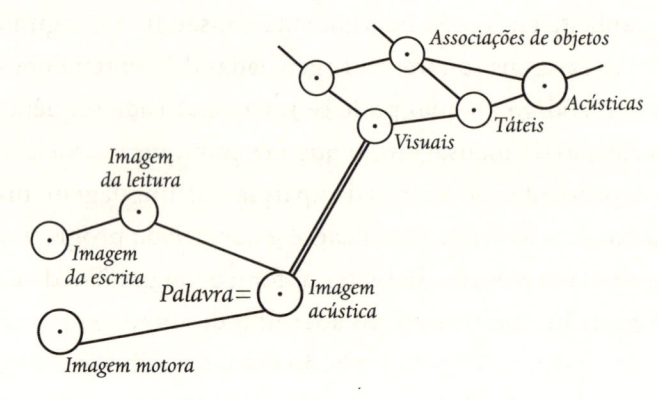

Esquema psicológico da representação-palavra.
A representação-palavra aparece como um complexo
representativo fechado; a representação-objeto, por sua vez,
como um aberto. A representação-palavra não está ligada à
representação-objeto a partir de todos os seus componentes,
mas apenas a partir da imagem acústica. Entre as associações
de objetos, são as visuais que representam o objeto de forma
semelhante à forma como a imagem acústica representa a palavra.
As ligações da imagem acústica da palavra com outras associações
de objetos que não as visuais não estão aqui indicadas.

O esquema[34] é precedido do comentário de Freud de que
ao estudar a estrutura do aparelho de linguagem, e particularmente ao nos oferecer um esquema da representação-palavra, ele pretende separar ao máximo o aspecto psicológico do
anatômico. Separar o aspecto psicológico do anatômico não
significa separar o aspecto psicológico do neurológico, mas,
ao contrário, o que Freud pretende deixar claro é que não há
esquema psicológico sem um esquema neurológico, ou, ainda,
que seu esquema psicológico é um esquema neurológico. Nele,
as associações que formam a representação complexa da palavra, assim como as associações de objeto, e a própria associa-

ção entre representação-palavra e representação-objeto, são possíveis apenas na medida em que tudo isto ocorra num registro neurológico. O que Freud está recusando não é o neurológico, mas o anatômico entendido em termos de localizações elementares. O termo "psicológico" com o qual ele qualifica seu esquema ("esquema psicológico da representação-palavra") indica que a ênfase recairá sobre a representação (*Vorstellung*) e sobre as associações entre representações.

Colocar de um lado a representação-palavra, entendida como uma representação complexa, isto é, como formada por representações diversas, e de outro lado as associações de objeto, designando com este termo também um complexo associativo, significa um definitivo abandono do conceito de impressão. Vimos que o conceito de impressão, tal como era pensado pelos empiristas ingleses, implicava que se articulasse cada elemento psicológico (ideia) a um elemento fisiológico (impressão), de tal modo que a associação entre duas impressões acarretaria a automática associação entre duas ideias. As ideias seriam uma reprodução das impressões. As associações seriam externas aos elementos, não introduzindo qualquer particularidade nova.* O simples fato de Freud empregar o termo associações de objeto (associações estas que vão formar a representação complexa de objeto) indica que o que é representado na representação não é um objeto, mas séries diferentes de associações.[35] Isto não significa que

---

* O empirismo de Hume foge a esta descrição na medida em que admite que um tipo especial de associação, a associação por causalidade, permite superar aquilo que é dado pela impressão e produzir a partir daí toda sorte de ficções, sem que tenha qualquer critério, além da crença, que as distinga da realidade.

a impressão não exista, significa a recusa do conceito de impressão entendida como uma articulação ponto por ponto da estimulação periférica com a ideia (isto numa terminologia empirista). Segundo Freud, cada excitação decorrente das impressões produzidas pelo mundo exterior deixa no córtex cerebral uma inscrição permanente, inscrições estas que são armazenadas sem se confundirem umas com as outras. São estas excitações armazenadas uma após a outra que ele designa de imagem mnêmica. As imagens mnêmicas são categorizadas em quatro grupos: imagem acústica, imagem cinestésica, imagem da leitura e imagem da escrita, e o conjunto destas imagens forma a representação complexa da palavra. A palavra corresponde, pois, a uma associação de imagens mnêmicas ou representações, sendo que seu significado não decorre das impressões, mas da articulação da imagem acústica com a representação-objeto.*

A afirmação de que a palavra adquire sua significação pela ligação com a representação-objeto faz do aparelho de linguagem um aparelho que não apenas articula representações, mas sobretudo que essa articulação de representações tem um efeito de *sentido*. A significação não resulta da relação entre a representação-objeto e a coisa externa ou o referente, mas

---

* O que Freud chama de "representação-objeto" (*Objektvorstellung*) no texto de 1891 corresponde à "representação-coisa" (*Sachevorstellung*) no artigo *O inconsciente*, de 1915, e o que em 1915 ele chama de "representação-objeto" (*Objektvorstellung*) é a articulação da representação-coisa (*Sachevorstellung*) com a representação-palavra (*Wortvorstellung*). Em *A interpretação de sonhos* e em *Luto e melancolia*, ele emprega ainda o termo *Dingvorstellung* (representação-coisa) como sinônimo de *Sachevorstellung* (Cf. nota de J. Strachey em *AE*, vol.14, p.198 e 204).

da relação entre a representação-objeto e a representação-palavra. O termo *representação-objeto* não designa o *referente* ou a *coisa* (da qual ele retiraria sua significação), mas, na sua relação com a representação-palavra, designa o *significado*.[36] A significação não está na coisa, também não está em cada imagem (visual, tátil, acústica etc.) como se cada uma delas representasse um elemento da coisa; ela resulta da associação destes vários registros pelos quais se dá a representação.

As associações de objeto são agrupadas para formar uma *representação-objeto* a partir de sua ligação com a *representação-palavra*. O que faz com que o aparelho de linguagem tenha por função a produção da significação é esse eixo que articula representação-palavra e representação-objeto através da imagem acústica da palavra e da imagem visual do objeto. A relação de significação não se faz com a coisa, mas com o objeto, e este recebe sua identidade através da relação com a representação-palavra. Tudo se passa, portanto, no registro da representação e da associação entre representações. Mas afirmar que a significação não está na coisa e que ela resulta da articulação entre a representação-objeto e a representação-palavra não significa que ela preexista, antes do objeto e antes da linguagem, no pensamento. São as associações as responsáveis pela significação, e elas só se dão juntamente com as representações.

Se é pela sua articulação com a representação-objeto que a representação-palavra adquire sua significação (ou sua denotação), é também pela sua articulação com a representação-palavra que o objeto ganha identidade e que é possível uma implicação de conceito. Como não há conceito sem significação, assim como não há significação sem palavra, não há pensamento anterior às palavras. A linguagem está presente desde o começo.[37]

"A representação-palavra aparece como um complexo representativo fechado; a representação-objeto, por sua vez, como um aberto." Esta é a nota que Freud faz acompanhar seu esquema. O caráter de "fechado" ou de "aberto" diz respeito ao complexo e não propriamente à representação. Claro está que tanto a representação-palavra quanto a representação-objeto são *complexos*, e portanto, o que se afirma do complexo aplica-se também à representação, mas não é a representação enquanto representação que está sendo visada quando se atribui o caráter de fechado ou de aberto, e sim ao fato de ela se constituir como um complexo. "Nós deduzimos com base na filosofia", escreve ele, "que a representação-objeto não contém mais nada além disso [um complexo associativo constituído de representações as mais heterogêneas], que a aparência de uma 'coisa', cujas diversas 'características' são denotadas pelas impressões sensoriais, só passa a existir pelo fato de nós, ao listarmos as impressões sensoriais obtidas de um objeto, acrescentarmos a possibilidade de uma grande série de novas impressões na mesma cadeia de associações. Assim, a representação-objeto não nos parece fechada, nem mesmo possível de ser completada, ao passo que a representação-palavra nos parece algo fechado, mesmo que passível de ser ampliado."[38] Freud recorre à filosofia, particularmente a John Stuart Mill, para tentar elucidar o conceito de representação-objeto.

9. O associacionismo de John Stuart Mill

Stuart Mill integra o grupo dos pensadores ingleses que seguindo a tradição empirista defendem a doutrina associacionista, aproximando-se mais de David Hume. Freud refere-se especificamente a duas obras de Stuart Mill: *Logic*, publicada em 1843, e *An Examination of Sir William Hamilton's Philosophy*, de 1865.

Diferentemente de seu pai James Mill, que via na associação uma simples combinação de elementos que se mantinham inalterados no interior do conjunto por eles formado, Stuart Mill propõe o que ele mesmo chamou de "química mental" (por oposição à "mecânica mental" de James Mill).[39] O conjunto associativo resultante dos elementos não é por ele concebido como uma simples soma destes elementos, mas como um produto gerado a partir dos elementos, cujas propriedades são irredutíveis às propriedades dos elementos, tal como ocorre com a água em relação aos seus constituintes, o oxigênio e o hidrogênio. "Esses são casos de *química mental*, nos quais é possível dizer que as ideias simples *geram*, mais do que compõem, as ideias complexas."[40]

Em *An Examination of Sir William Hamilton's Philosophy*, Stuart Mill expõe sua teoria psicológica da crença num mundo exterior. Começa afirmando que a mente humana é capaz de "expectativa", isto é, que após termos sensações reais somos capazes de formar a concepção de sensações possíveis. Essas sensações possíveis são aquelas que apesar de não estarem sendo sentidas no presente poderão ser sentidas se certas condições estiverem presentes. A crença num mundo exterior prende-se não apenas às sensações dadas presentemente, mas a um número enorme de possibilidades de sensações. Enquanto as primeiras surgem do contato direto do sujeito com o objeto, as segundas implicam uma previsão ou expectativa. A noção de mundo exterior, assim como a noção de matéria, está ligada a estas possibilidades de sensações.

Segundo Stuart Mill, as sensações presentes possuem menos importância do que as possibilidades de sensações, porque enquanto as primeiras são passageiras, as segundas podem ser permanentes e, como tais, permitem-nos distinguir as sensações da matéria. Para ser mais exato: o que Stuart Mill chama de matéria são exatamente essas possibilidades permanentes de sensações. Lembra ainda que essas possibilidades de sensações, uma vez garantidas pela experiência passada, revelam um aspecto importante: é que elas não se apresentam como sensações isoladas, mas como grupos de sensações, tal como os objetos do mundo exterior.

Discordando de James Mill, que havia reduzido a apenas uma as leis da associação, Stuart Mill coloca-se numa posição semelhante à de Hume, afirmando a existência de três e às vezes de quatro princípios de associação: semelhança, contiguidade, frequência e inseparabilidade.

O princípio da semelhança afirma que ideias semelhantes tendem a excitar-se mutuamente, formando um conjunto. O princípio da contiguidade afirma que, quando duas impressões foram frequentemente experimentadas ou pensadas simultaneamente ou em sucessão imediata, sempre que uma dessas impressões ou sua ideia se repetir, tenderá a excitar a ideia da outra. O terceiro princípio afirma que as associações produzidas por contiguidade adquirem maior grau de certeza por efeito da repetição; é a ação deste princípio que vai constituir uma "associação inseparável", isto é, aquela em que não se pode pensar um elemento separado do outro. Finalmente, o quarto princípio: quando uma associação de ideias adquiriu a inseparabilidade apontada acima, não apenas as ideias ficam inseparáveis, mas os próprios fatos que correspondem a estas ideias ficam também inseparáveis. Este é o fundamento de nossa crença nas coisas concebidas como unidades.

Tal como em Berkeley e em Hume, é o conceito de substância material que vemos aqui ser colocado em questão. Stuart Mill nega que a objetividade do mundo seja decorrente de sua substancialidade material. O que chamamos de matéria nada mais é do que o resultado de uma associação inseparável. A ideia de uma substância material assim como a ideia de uma substância espiritual são ambas recusadas. Assim como a matéria é a sucessão das diferentes possibilidades de sensações, o espírito é a sucessão dos diversos sentimentos ou das diferentes percepções de sensações.

Da mesma maneira como acreditamos na matéria porque supomos que algo permaneça para além da variedade contínua das percepções (algo que seria o núcleo substancial dos vários noemas), acreditamos também numa substância espiritual que seria o lugar dessas cenas. Para Stuart Mill essa crença é insustentável: nada há que justifique a substancialidade da mente assim como nada há que justifique a substancialidade da matéria. A matéria nada mais é do que uma possibilidade permanente de sensações, assim como o espírito nada mais é do que uma possibilidade permanente de estados de consciência, sendo que a confiança da humanidade na existência real de objetos visíveis e tangíveis significa apenas a confiança na realidade e permanência de possibilidades de sensações.

E aqui nos aproximamos de Hume: não é o eu que constitui
as associações, mas, ao contrário, estas é que constituem o
eu. Não existe uma natureza humana anterior à experiência,
mas natureza humana, eu, mente devem ser concebidos como
efeito da experiência. A fonte inspiradora de Stuart Mill é o
Tratado da natureza humana de Hume, e tanto Stuart Mill como
Hume são fontes de inspiração para Freud, embora não seja
feita nenhuma referência a Hume no texto sobre as afasias.

Mas se Stuart Mill liberta a noção de objeto da incômoda
referência à coisa, ele não nos oferece nenhuma caracterização
da representação-objeto enquanto articulada à representação-
palavra. Stuart Mill está mais interessado em se desembaraçar
do conceito de substância do que em estabelecer o modo pelo
qual representação-objeto e representação-palavra se articu-
lam, sendo que o próprio conceito de representação é para ele
um conceito de difícil utilização por estar demasiadamente
comprometido com a tradição metafísica.

O benefício que os textos de Stuart Mill podem trazer no
sentido de esclarecer os conceitos de representação-palavra e
representação-objeto é quanto ao caráter de complexo aberto
da representação-objeto. Se o que se denomina objeto é fruto
não apenas de sensações presentes mas também e sobretudo
de um número enorme de possibilidades de sensações que formam a série associativa do complexo do objeto, então este último, comparativamente à representação-palavra, constitui-se
como um complexo aberto e dificilmente susceptível de fecho,
como afirma Freud. Os termos "fechado" e "aberto" com os
quais Freud designa os complexos representativos podem ser
considerados como designando o caráter de acabado ou de
indefinido dos referidos complexos.

Jacques Nassif[41] é de opinião que, a se procurar na filosofia um autor capaz de patrocinar a concepção de representação-objeto tal como a que é defendida por Freud, melhor seria recorrer a Brentano, e não a Stuart Mill. Como a noção de representação desempenhará um papel central em todo o percurso freudiano, creio que podemos fazer um pequeno parêntese na discussão de *Afasias*, para consultarmos Brentano.

10. Brentano e a representação-objeto*

O recurso a Brentano se justifica, dentre outros motivos, pelo fato de Freud ter assistido, durante dois anos, a seus cursos sobre a lógica de Aristóteles na Universidade de Viena, quando era ainda estudante de medicina. Uma outra razão para a referência a Brentano é que ele, tanto quanto Freud, recusa uma ordenação serial entre a fisiologia e a psicologia, de tal forma que o fenômeno psicológico possa ser reduzido a um epifenômeno do fisiológico. Já vimos que para Freud a cadeia dos processos fisiológicos não está em relação de causalidade com os processos psíquicos, mas que o psíquico é um processo paralelo ao fisiológico, *"a dependent concomitant"*, como ele afirma.[42] Também para Brentano, o fenômeno psíquico e o fenômeno físico (ou fisiológico) são diferentes e irredutíveis um ao outro, e o critério dessa diferença é o fato de o fenômeno psíquico ser

---

* O conceito brentaniano de representação já foi objeto de análise num trabalho anterior (Garcia-Roza, *O mal radical em Freud*, Rio de Janeiro, Zahar, 1990, cap.8). O que pretendo retomar aqui são alguns aspectos da concepção de Brentano que julgo serem de valor para a compreensão do tema abordado por Freud em *Sobre a concepção das afasias*.

caracterizado pelo que ele chama de "presença intencional", "direção a um objeto" ou simplesmente "intencionalidade". "Todo fenômeno psíquico", escreve Brentano, "contém em si mesmo qualquer coisa a título de objeto ... essa presença intencional pertence exclusivamente aos fenômenos psíquicos. Podemos pois definir os fenômenos psíquicos como fenômenos que contêm intencionalmente um objeto."[43]

A afirmação de que todo fenômeno psíquico, à diferença do fenômeno físico, contém intencionalmente um objeto significa que não há fenômeno psíquico que não seja uma relação entre um ato e um conteúdo do ato: na representação, é alguma coisa que é representada, no juízo, alguma coisa que é admitida ou rejeitada, no amor e no ódio, alguma coisa que é amada ou odiada, e assim por diante, sendo que todo ato psíquico ou é uma representação ou está fundado numa representação.

Quando Brentano afirma que toda consciência é consciência de um objeto, ele não está emitindo um juízo de existência sobre esse objeto, e sim afirmando a necessidade de um correlato objetal para o ato da consciência. O objeto não necessita ser existente em si mesmo. Um centauro é tão objeto da consciência como uma árvore percebida.

Brentano emprega o termo *Vorstellung* (representação) para designar não propriamente o objeto representado, mas o *ato* de representar. No entanto, como todo fenômeno psíquico contém em si algo a título de objeto, não há ato de representar sem que haja também um objeto representado. Todo fenômeno psíquico e, portanto, toda representação implica um ato e um conteúdo do ato (objeto), de tal modo que um não pode se dar sem o outro. Não há percepção sem objeto percebido e vice-versa. Embora o termo *Vorstellung* seja utilizado por Brentano

para designar o ato de representar e não o objeto representado, não podemos deixar de considerar o fato de que um não
existe sem o outro e que ambos independem da existência
real das coisas (*Dingen*) às quais eles se referem. Isto faz com
que o sentido de uma *Vorstellung* seja decorrente não da coisa
(*Ding*) à qual ela supostamente se refere, mas da relação que ela
mantém com as outras *Vorstellungen*. Este fato já é reconhecido
pelo próprio Brentano quando, num apêndice de 1911 ao seu
Psicologia do ponto de vista empírico, trata da questão dos objetos
verdadeiros e dos objetos fictícios.[44]

Essa independência da representação com relação ao objeto não implica a aceitação da tese idealista que nega a existência do objeto externo à consciência. Brentano mantém-se
fiel à tradição aristotélica. O que está sendo afirmado é que
a *Vorstellung* não é uma reprodução do objeto externo, e que
o seu sentido não é derivado desse objeto e sim da relação
que as várias *Vorstellungen* mantêm umas com as outras. Se o
significado de uma *Vorstellung*, no caso uma *Objektvorstellung*
(representação-objeto), resulta não da sua relação com a coisa
(*Ding*) mas da relação entre as próprias *Vorstellungen*, então
não estamos mais no registro da representação entendida
como entidade psicológica pura e simples, mas sim no registro do significante.

Esta não é, porém, uma conclusão à qual Brentano chega
de imediato. Inicialmente ele concebe a representação-objeto
(*Objektvorstellung*) como sendo representação *do* objeto, entendido este último como a coisa externa, sendo que esta é que
conferiria sentido à representação-objeto. O esquema seria o
seguinte:

Representação ⟶ Coisa representada ⟶ Coisa
(*Vorstellung*)   (*Objektvorstellung*)   (*Ding*)

No esquema acima, a representação (*Vorstellung*) e a coisa representada (*Objektvorstellung*) formam o registro do psíquico, enquanto que a coisa (*Ding*) pertence ao registro do mundo externo, independente da consciência. A suposição inicial de Brentano é a de que a coisa (*Ding*) é o que fornece ao objeto representado (*Objektvorstellung*) seu significado. Num segundo momento, a partir sobretudo das críticas de Meinong, Brentano passa a admitir que não são as coisas que fornecem à representação seu significado, mas que este resulta da relação que as próprias representações mantêm entre si. Isto porque há significação mesmo quando a representação não tem como referente um objeto real, existente em si e por si, como é o caso, por exemplo, do centauro ou do cavalo alado. A significação resulta, pois, da articulação entre representações e não da articulação entre representação e coisa. Como não há significação sem linguagem, podemos ver na concepção de Brentano um suporte filosófico para a concepção desenvolvida por Freud em *Afasias* sobre a articulação entre a representação-palavra e a representação-objeto e a produção de significado, e no caso, um suporte mais adequado do que o oferecido por Stuart Mill. Mas voltemos ao texto de Freud.

11. Do signo como arbitrário

Voltemos à afirmação de Freud de que a representação-palavra adquire sua significação por sua ligação com a representação-objeto (pelo menos no que diz respeito aos substantivos). Já vimos que essa ligação se faz nos dois sentidos: não apenas a palavra adquire sua significação pela sua ligação com a representação-objeto, como é também pela sua articulação com a representação-palavra que o objeto ganha identidade e que o conceito do objeto torna-se possível. A linguagem, portanto, está presente desde o começo.

O aparelho de linguagem, considerado em si mesmo, não responde, segundo Freud, pela representação-objeto. O aparelho de linguagem tem por função tornar possível a significação, e não a representação-objeto. No entanto, a palavra só adquire sua significação pela articulação que estabelece com a representação-objeto. Isto não quer dizer que a significação seja dada pela coisa, mas que a palavra não pode prescindir de conter uma referência a algo que lhe seja exterior, no caso um objeto. O aparente paradoxo que Freud nos coloca é que esse objeto, por sua vez, é constituído, na sua identidade de objeto, pela relação que ele mantém com a palavra. Enquanto "exterior" à palavra, ele mantém uma necessária relação com a linguagem. Não nos esqueçamos de que tanto a *Wortvorstellung* como a *Objektvorstellung* são ambas *Vorstellungen*. Afirmar, portanto, que a representação-palavra adquire sua significação pela ligação com a representação-objeto é afirmar que a significação resulta da articulação entre representações e não da articulação entre representação (*Vorstellung*) e coisa (*Ding*). Estamos, aqui, mais próximos de Brentano ou de Meinong do que de Stuart Mill.

Vimos, no entanto, que a representação-palavra não está ligada à representação-objeto por todos os seus componentes, mas apenas pela imagem acústica. O complexo fechado que forma a representação-palavra liga-se ao complexo aberto que forma a representação-objeto através da imagem acústica do primeiro e das associações visuais do segundo. Tomando por base os distúrbios de linguagem verificados na clínica, Freud os separa em dois grupos: 1) a afasia verbal (ou afasia de primeira ordem), na qual a perturbação afeta as associações entre os elementos da representação-palavra; e 2) a afasia assimbólica (ou afasia de segunda ordem), na qual o que é perturbado é a associação entre a representação-palavra e a representação-objeto.[45]

Em seguida a esta distinção, Freud assinala que toma o termo assimbolia num sentido distinto do que então era o usual; para ele a relação entre a representação-palavra e a representação-objeto merece com muito mais propriedade ser chamada simbólica do que a relação existente entre a representação-objeto e um objeto. O esquema seguinte poderá nos auxiliar na compreensão da terminologia empregada por Freud:

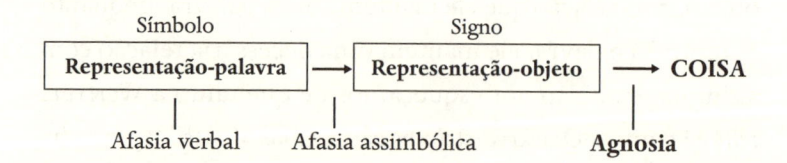

Freud distingue as perturbações que dizem respeito aos componentes do complexo da representação-palavra daquelas perturbações que dizem respeito à relação entre a representação-palavra e a representação-objeto: ao primeiro grupo ele denomina afasia verbal e ao segundo ele denomina afasia assimbólica. O termo agnosia designa a perturbação referente ao reconhecimento dos objetos. Como um distúrbio no reconhecimento dos objetos pode acarretar, por sua vez, uma perturbação da linguagem, ele denomina esta perturbação da linguagem decorrente da agnosia de afasia agnósica ou afasia de terceira ordem (sendo as afasias de primeira e de segunda ordens, respectivamente, as afasias verbal e assimbólica).

Há, portanto, perturbações que atingem apenas os elementos componentes da representação-palavra, há aquelas que atingem a relação entre a representação-palavra e a representação-objeto, e há finalmente aquelas que atingem a relação entre a representação-objeto e o objeto propriamente dito (ou a coisa). É a distinção entre esta última e as duas primeiras que nos interessa particularmente.

A agnosia não é uma perturbação da linguagem (embora possa provocar uma afasia agnósica), mas para o que estamos tratando ela é particularmente interessante porque diz respeito ao conceito de signo e à distinção entre este e o símbolo, segundo a concepção freudiana. Na agnosia o que é afetado não é propriamente o complexo que forma a representação-objeto, e nem tampouco a relação deste último com a representação-palavra, mas a relação do objeto (da representação-objeto) com a coisa. É portanto sua natureza de signo que é afetada. Se admitirmos a definição segundo a qual um signo é aquilo que representa alguma coisa para alguém, ele, por um lado, aponta para essa "alguma coisa", e por outro, aponta para um "alguém". Não estou discutindo aqui a natureza diádica ou triádica do signo, e nem tampouco as diferentes concepções de Peirce, Saussure ou Lacan sobre a natureza do signo, mas apenas tentando distinguir, no esquema que Freud nos apresenta em *Afasias*, o que ele considera como sendo da ordem do signo e o que ele considera como símbolo, ou mais precisamente ainda, o que ele considera como sendo uma relação simbólica e o que ele considera uma relação sígnica.

No caso da agnosia, o que é perturbado é a relação entre a representação-objeto e o objeto; trata-se pois de uma perturbação do reconhecimento do objeto, sendo que a relação entre a representação-objeto e a representação-palavra permanece intacta, o que corresponde a dizer que o aparelho de linguagem não é atingido. O que acontece com o aparelho de linguagem, no caso da agnosia, é que o sujeito não pode se servir dele em decorrência de um distúrbio do reconhecimento e não de um distúrbio da linguagem. Na agnosia a linguagem se vê aliviada da tarefa de representar alguma coisa para alguém, isto é, ela se vê aliviada da função sígnica, na medida em que esta função não é da competência direta do aparelho de linguagem.

Se considerarmos o signo desta maneira, o termo mais apropriado para traduzir *Objektvorstellung* é "representação *de* objeto" e não "representação-objeto". Isto porque o que a representação (de objeto) estaria representando seria o objeto entendido como coisa externa, sendo a representação um signo icônico da coisa (para empregarmos um termo de Peirce). No entanto, não parece ser esta a intenção de Freud. Para ele, embora a representação-objeto não pertença ao aparelho de linguagem, ela só se constitui como um complexo associativo, adquirindo sua identidade pela sua ligação com a representação-palavra. O conceito do objeto não se faz senão na e pela linguagem. Desta forma, a autonomia da representação-objeto é apenas relativa, assim como, deste ponto de vista, dificilmente ela poderia ser considerada como um signo natural.

Se o signo não é considerado por Freud como uma simples reprodução do mesmo, se ele pode significar algo novo, então ele se constitui como signo a partir do significante, ou segundo Freud, da representação-palavra. Ele parece ser originário do exterior, do objeto externo, mas na realidade é tão interior quanto a representação-palavra, ou pelo menos não existe uma diferença tão radical entre signos considerados internos (que seriam os elementos da representação-palavra) e signos considerados externos (expressando acontecimentos do mundo). Tanto a representação-palavra quanto a representação-objeto são *representações*, e a representação-objeto não se constituiria como signo a não ser por sua ligação com a representação-palavra.* Por esta razão, não podemos separar inteiramente, como Freud também não separou, o conceito de agnosia do conceito de afasia. É o significante que é capaz de produzir o novo, e nesta medida diz-se que o significante produz o significado. Este foi o caminho pelo qual Lacan, mais de meio século depois, afirmou a *autonomia do significante*, e a razão pela qual ele não fala em signo, mas em significante ou, ainda, em significante puro.

O que Freud está nos dizendo, em 1891, ao articular as associações de objeto com a emergência do novo, é que deste ponto em diante nenhum ato de percepção pode escapar ao signo, isto é, que nenhum ato de percepção se faz com total independência da linguagem. As próprias associações de objeto podem formar, sob esta perspectiva, uma linguagem espontânea,[46] e para isto precisamos apenas admitir, com Freud, que uma representação-objeto não pode se constituir sem uma ligação prévia com a representação-palavra. A relação simbólica é, portanto, a precondição para o estabelecimento do signo. Na medida em que o aparelho de linguagem seja capaz de produ-

---

* O que Freud denomina de representação-palavra e de representação-objeto Saussure vai chamar de significante e de significado, respectivamente.

zir um objeto original (isto é, constituir uma particular associação de objeto) pela relação entre a representação-palavra e
a representação-objeto, ele é capaz de significar, de produzir
signos que, por serem engendrados pelo próprio aparelho, são
signos arbitrários.[47]

12. Aparelho de linguagem e aparelho psíquico

Vimos que o aparelho de linguagem construído por Freud é
capaz, dentre outras coisas, de significar, de produzir o novo
e, sobretudo, é capaz de produzir um efeito de sujeito. A pergunta que se faz necessária é se, nesse ano de 1891, isto tudo
era visto por Freud como uma qualidade ou como sinal de
debilidade do aparelho de linguagem. É evidente que podemos
apontar os "distúrbios" da linguagem assinalados por Freud,
particularmente os do tipo *Vutter* no lugar de *Mutter* ou *Vater*,
Butter no lugar de *Mutter*, ou ainda o deslizamento *Ding – Machine – Chose*, como sendo exemplos de metáfora e metonímia
(ou condensação e deslocamento, se preferirmos). Isto pode
ser suficiente para afirmarmos que o aparelho de linguagem
por ele concebido é um aparelho que nos aponta para o domínio do inconsciente. Podemos até mesmo, num rasgo de
entusiasmo, afirmar que Freud já está fazendo uma linguística
mais avançada que a de Jakobson. Mas não podemos deixar
de lado o fato de que todas essas produções do aparelho de
linguagem são consideradas por Freud como efeitos do mau
funcionamento do aparelho, como distúrbios ou perturbações
que devem ser, se possível, eliminados ou corrigidos e atenua-

dos. Como assinala Nassif, o aparelho de linguagem é capaz de produzir signos arbitrários, é de fato um aparelho *para* a linguagem, mas não é capaz de regular o seu bom uso, ou mais precisamente ainda, é um aparelho constituído de modo a impedir esses efeitos de sujeito.[48]

No entanto, precisamente aquilo que nesse aparelho aparece como falha, como efeito de um mau funcionamento, como má-formação, é que vai ter consequências as mais importantes para o futuro teórico do próprio aparelho de linguagem. A articulação do aparelho de linguagem com os traços mnêmicos resultantes da percepção, articulação entre o funcional e o mnêmico, nos remete à questão da dissociação entre a significação e o sentido, a esses efeitos de sujeito que Freud denominou parafasias.

"Devemos compreender como parafasia um distúrbio da linguagem no qual a palavra adequada é substituída por uma mais inadequada, a qual, no entanto, sempre mantém uma certa relação com a palavra correta."[49] É o caso da substituição de "lápis" por "pena", de "Berlim" por "Potsdam", ou da troca de palavras com um som semelhante, como *Butter* e *Mutter*, ou ainda em fusões do tipo *Vutter* no lugar de *Mutter* ou *Vater*. O importante na concepção de Freud sobre as parafasias é sua observação de que este tipo de perturbação em nada se distingue daquelas que podemos observar em pessoas saudáveis quando se encontram sob a influência de estados afetivos intensos ou pura e simplesmente por efeito do cansaço, não havendo necessidade de se recorrer à hipótese de uma lesão cerebral para se explicar esses distúrbios. Trata-se, diz ele, de um sintoma puramente funcional.

A parafasia é considerada por Freud como um resíduo, um resto de linguagem (*Sprachrest*),[50] algo que se repete como resíduo da inscrição de traços mnêmicos. Esses distúrbios funcionais, que podem ser observados em pessoas normais "sob a influência de afetos perturbadores",* são considerados resultado de um rebaixamento da eficiência do aparelho de associações da linguagem, rebaixamento este que decorre não de uma lesão, mas da ação de afetos intensos sobre o aparelho de linguagem, como efeito da imposição de traços mnêmicos, sem que para isto tenha concorrido a vontade consciente do sujeito. Esse efeito de sujeito, que é a parafasia, pode ser assimilado a um ato, a algo que faz desse sujeito um efeito de uma clivagem.[51]

Os restos de linguagem que caracterizam os vários tipos de parafasia não são efeitos absurdos devidos a uma destruição dos princípios de funcionamento do aparelho de linguagem, mas correspondem a possibilidades perfeitamente legítimas do funcionamento desse aparelho. Esses restos são efeitos *sobredeterminados* do funcionamento do aparelho de linguagem, e implicam uma divisão do sujeito que aponta inevitavelmente para o conceito de inconsciente. Pode parecer estranho falarmos em inconsciente, concebido como um domínio psíquico, num texto de 1891. No entanto, se aceitarmos como legítima a autoria do artigo "Histeria", escrito para a Enciclopédia Villaret em 1888, encontramos a afirmação de Freud de que "a evo-

---

* A ideia de "afetos perturbadores" fazendo com que atos sejam substituídos por palavras (quando um ato seria a resposta mais adequada) é retomada por Freud em *Sobre o mecanismo psíquico de fenômenos histéricos*, sob a rubrica de *trauma psíquico*. Nesse trabalho, publicado em 1893 e escrito sob forte influência de Charcot, Freud articula a ideia de trauma psíquico à ideia de soma de excitação, isto é, de um quantum de excitação acumulada que deve ser escoada.

lução dos distúrbios histéricos muitas vezes exige uma espécie de incubação, ou melhor, um período de latência, durante o qual a causa desencadeante continua atuando *no inconsciente*".[52] O termo é empregado assim mesmo, na forma substantiva, "o inconsciente" (*das Unbewusst*). Portanto, pelo menos três anos antes da publicação de *Afasias*, Freud já fazia referência a um lugar psíquico, "lugar onde uma incubação é possível", lugar a partir do qual esses restos de linguagem, ou esses efeitos de sujeito, são possíveis.[53]

A verdade é que o aparelho de linguagem produzido por Freud transbordou os limites estritos de um aparelho de linguagem e constituiu-se como o primeiro modelo freudiano de *aparelho psíquico*. A concepção das parafasias, por si só, já seria suficiente para impor esse transbordamento. Permanece porém o fato de que apesar de esse texto apontar para noções tão caras à teoria psicanalítica, como as noções de inconsciente, recalque, ato falho, condensação e deslocamento, sujeito do enunciado e sujeito da enunciação etc., ele, nem por isso, deixa de ser um trabalho de neurologia. Não há, em nenhuma passagem do texto, algo que sugira por parte de Freud uma recusa da neurologia; o que há, isto sim, é a produção de uma neurologia, inspirada em grande parte em Hughlings Jackson, que rompe com a dos neurólogos alemães e que é capaz de servir de suporte para uma proposta explícita por parte de Freud de construção de um aparelho psíquico. O passo seguinte é dado com a elaboração do *Projeto* de 1895.

Notas

SIGMUND FREUD

Sobre a concepção das afasias: um estudo crítico (p.9-120)

1. Broca, *Sur le siège de la faculté du langage articulé avec deux observations d'aphémie (perte de La parole)*, 1861.
2. Wernicke, *Der aphasische Symptomencomplex*, Breslau, 1874.
3. Lichtheim, "Ueber Aphasie", *Deutsch. Arch. f. klin. Med.*, vol.36/"On Aphasia", *Brain*, jan 1885.
4. Wernicke, "Die neueren Arbeiten über Aphasie", *Fortschritte der Medicin*, 1885, p.824; 1886, p.371, 463.
5. Kahler, "Casuistische Beiträge zur Lehre von der Aphasie", *Prager med. W.* 16 e 17, 1885.
6. Eisenlohr, "Beiträge zur Lehre von der Aphasie", *Deutsche med. W. 36*, 1889.
7. Hughlings Jackson, "On affections of speech from diseases of the brain", *Brain I e II*, 1878-80.
8. Charlton Bastian, "On diferent kinds of aphasia", *British Medical Journal*, 29 out e 5 nov 1887; "Brain as an organ of mind", *Internat. Wissensch. Bibliothek 52 e 53*, 1880. (Também em alemão e francês.)
9. Meynert, *Oest. Zeitsch. f. prakt. Heilkunde XIII.*
10. De Boyer, *Etudes cliniques sur les lésions corticales*, Paris, 1879.
11. Em seu primeiro trabalho aqui mencionado.
12. Bernard, *De l'aphasie et de ses diverses formes*, Paris, 1885.
13. Naunyn, *Ueber die Localisation der Gehirnkrankheiten*, apresentação paralela nos debates do IV Congress für innere Medicin, Wiesbaden, 1887.
14. Charlton Bastian (*On diferent kinds of afasia*, 1887) tende a explicar a coocorrência descrita pela primeira vez por Grasset de afasia com hemianestesia pela vizinhança na qual as comissuras que passam através da ínsula entre a área de Broca e a de Wernicke se encontram com o terço posterior (sensível) do ângulo posterior da cápsula interna.
15. Allen Starr, "The pathology of sensory aphasia, with an analysis of fifty cases in which Broca's centre was not diseased", *Brain XII*, 1889.
16. Ou *AM*, de acordo com a Fig. 3.

17. De Watteville, "Note sur la cécité verbale", *Progrès médical*, 21 mar 1885.

18. Wysman, "Aphasie und verwandte Zustände", *Deutsch Arch. f. klin. Med. 47.*

19. Kussmaul, *Die Störungen der Sprache*, 1877.

20. Grashey, "Über Aphasie und ihre Beziehungen zur Wahrnehmung", *Archiv f. Psychiatrie* XVI, 1885.

21. Delbrück, "Amnestische Aphasie", *Jenasche Zeitschr. f. Naturw.* XX, suplemento II, 1886.

22. No original: "Da lasse ich mir viel viel Mal alles Mögliche, was Sie nur haben gesehen. Ich danke halt viel liebes Mal, dass Sie mir das Alles gesagt. Na, da danke ich vielmal, dass Sie sind so gut gewesen, dass Sie sind so gütig gewesen." (N.T.)

23. Heubner, "Ueber Aphasie", *Schmidt's Jahrbücher 1889*, vol.224, p.220.

24. Magnan, "On simple aphasia, and aphasia with incoherence", *Brain* II, 1880.

25. Hammond, *A Treatise on the Diseases of the Nervous System*, Londres, 1882, 7ª ed.

26. A descrição desses dois casos por Hammond não é mais completa do que a que reproduzi. Como, porém, Lichtheim reconhece o primeiro dos dois casos como afasia motora transcortical, eu ouso fazer o mesmo para o segundo.

27. O caso de afasia motora transcortical ao qual o próprio Lichtheim se refere (de Farge, cf. Kussmaul, p.49, e *Topische Diagnostik*, de Nothnagel, p.358) apresentou um foco de amolecimento "na substância branca à esquerda, próxima da terceira circunvolução frontal esquerda". Nothnagel discorda que esse caso isolado comprove a origem da afasia em focos na substância branca, já que a morte ocorreu no vigésimo dia, período em que efeitos distantes do foco sobre a terceira circunvolução frontal (não necessariamente modificada anatomicamente) não podem ser descartados.

28. Uma compilação dos seis casos etiologicamente estudados de afasia motora transcortical apresenta o seguinte resultado: 1. Lichtheim: trauma, contusão do córtex em ponto desconhecido; 2. Farge: efeito a distância sobre a região motora por foco de amolecimento contíguo; 3. Heubner: amolecimento na região sensorial; 4. Magnan: tumor que vai até o centro de Broca; 5. Hammond I: hemorragia traumática acima da área motora; 6. Hammond II: trauma, inibição da área motora por um fragmento de osso que penetrou na mesma.

29. Charlton Bastian, "On different kinds of aphasia", op.cit.

30. Apud Charlton Bastian, "On the various forms of loss of speech in cerebral disease", *British and Foreign Med. Chir. Review*, jan 1869.

31. Kahler, "Casuistische Beiträge zur Lehre von der Aphasie", op.cit.

32. Allen Starr, "The pathology of sensory aphasia, with an analysis of fifty cases in which Broca's centre was not diseased", op.cit.

33. Grashey, "Ueber Aphasie und ihre Beziehungen zur Wahrnehmung", op.cit.

34. A diferenciação entre a afasia amnésica e atáxica foi apresentada em 1866 por Sanders.

35. Wernicke, "Die neueren Arbeiten über Aphasie", op.cit.

36. Rieger, *Beschreibung der Intelligenzstörung in Folge einer Hirnverletzung nebst einem Entwurf zu einer allgemein anwendbaren Methode der Intelligenzprüfung*, Würzburg, 1888.

37. Cf. Bateman, *On aphasia or loss of speech etc.*, Londres, 1870.

38. Charcot, *Neue Vorlesungen über die Krankheiten des Nervensystems, insbesondere über Hysterie*, trad. Sigm. Freud, Viena, 1886, p.137.

39. Leube, "Ueber eine eigenthümliche Form von Alexie", *Zeitschrift f. Klin. Medicin* XVIII, 1889.

40. Meynert, *Psychiatrie, Erste Hälfte*, 1884, p.140.

41. Cf. Meynert, "Der Bau der Großhirnrinde etc.", *Vierteljahrschrift für Psychiatrie* I, 1867.

42. Idem; *Psychiatrie*, op.cit., p.127.

43. Meynert, "Studien über die Bedeutung des zweifachen Rückenmarksurpunges aus dem Gehirn", *Wiener akad. Sitzgsb.* LX, vol.II, 1869.

44. Meynert, *Bau der Grosshirnrinde*, 1. C., p.83.

45. Meynert, *Rückenmarkursprung*, 1. C., p.488.

46. Wernicke, *Lehrbuch der Gehirnkrnakheiten*, vol.1, 1880-83.

47. Flechsig, *Plan des menschlichen Gehirns*, 1883.

48. Cf. os estudos de Edinger, Bechterew e meus sobre o curso da via do cordão posterior e do nervo acústico.

49. Cf. Darkshewich, "Ueber die sogenannten primären Opticuscentren und ihre Beziehung zur Grosshirnrinde", *Arch. f. Anat. u. Phys.*, 1886.

50. Eu apenas indico que essa concepção da representação do corpo no córtex cerebral nos incita a fazer objeções contra a teoria de Munk da projeção em manchas da retina no lobo occipital e deveria chegar a uma corroboração ou refutação por meio de uma apreciação das hemianopsias corticais.

51. Hughlings Jackson alertou severamente contra esse tipo de confusão do físico com o psíquico no processo linguístico: "In all our studies

of diseases of the nervous system we must be on our guard against the fallacy, that what are physical states in lower centres fine away into psychical states in higher centres; that for example, vibrations of sensory nerves become sensations, or that somehow or another an idea produces a movement" ["Em todos os nossos estudos de enfermidades do sistema nervoso temos de precaver-nos contra o engano de que estados físicos nos centros inferiores transformam-se em estados psíquicos nos centros superiores; por exemplo, de que vibrações dos nervos sensoriais se tornam sensações ou de que, de um modo ou de outro, uma ideia produz um movimento."] *Brain* I, p.306.

52. Pick, "Ueber die sogenannte Re-Evolution (Hughlings-Jackson) nach epileptischen Anfällen nebst Bemerkungen über transitorische Worttaubheit", *Arch. f. Psych.* XXII, 1891.

53. O conteúdo principal desse estudo eu já comuniquei em 1886 em uma conferência para o Clube Fisiológico Vienense, cujos debates, no entanto, não justificam a pretensão de prioridade. Em 1887, Nothnagel e Naunyn fizeram a comunicação no Congresso de Medicina Interna de Wiesbaden que viria a se tornar conhecida, "Sobre a localização das doenças do cérebro", a qual coincide em vários pontos importantes com o conteúdo do presente texto. A exposição de Nothnagel sobre a concepção dos centros corticais, assim como as observações de Naunyn sobre as relações topográficas dos centros da linguagem, provavelmente levarão qualquer leitor a supor que aquela comunicação teve influência sobre meu estudo. No entanto, essa suposição não procede. O estímulo para o presente trabalho surgiu, na verdade, a partir dos trabalhos de Exner com meu falecido amigo Josef Paneth, no arquivo de Pflüger.

54. P.S. na revisão: Após uma solicitação privada à Clínica de Breslau, obtive a resposta de que os casos abordados por Wernicke no contexto mencionado realmente ainda não foram publicados.

55. Giraudeau, *Révue de médecine*, 1882; também em Bernard 1.c.

56. P.S. na revisão: Apesar dos esclarecimentos acima mencionados, eu continuei com a impressão de que a explicação da afasia sensorial subcortical (a surdez verbal sem distúrbio da linguagem) cria-me grandes dificuldades, enquanto, segundo o esquema de Lichtheim, ela é resolvida por uma simples interrupção (da via αA). Por isso, foi de grande valor ter me deparado, ainda durante a correção do presente trabalho, com uma comunicação de Adler ("Beitrag zur Kenntniss der seltenen Formen von sensorischer Aphasie", *Neurol. Centralblatt*, 15 mai e 1º jun

1891) que descreve um caso como esse como uma "combinação de afasia sensorial subcortical e transcortical".

A comparação do caso de Adler com o de Lichtheim (e do de Wernicke) nos permite obter uma visão melhor das condições da chamada afasia sensorial subcortical. São principalmente dois pontos que surgem aqui de forma esclarecedora: 1) Lichtheim menciona a possibilidade de·que seu doente devesse ser declarado portador "de um leve grau de surdez"; ademais as informações sobre sua capacidade auditiva não estão completas. O doente de Wernicke tinha um defeito para tons altos, o doente de Adler apresentava uma diminuição indubitável da capacidade auditiva que, segundo o autor, muito provavelmente era causada por um distúrbio do aparelho auditivo condutivo. A partir disso, revela-se a probabilidade de que – assim como nos casos de Arnaud mencionados posteriormente – uma surdez comum, de origem periférica ou central, não tenha ficado sem influência sobre o quadro da doença. 2) Mais decisiva é ainda a seguinte concordância, surgida não por acaso. Ambos os casos (de Lichtheim e de Adler; a curta comunicação de Lichtheim não menciona esse ponto) tiveram o quadro da afasia sensorial subcortical apenas depois de acessos repetidos de adoecimento do cérebro dos quais no mínimo um afetou o hemisfério direito, que não serve à função da linguagem, pois o doente de Lichtheim apresentava uma paresia facial do lado esquerdo, e o de Adler uma hemiplegia do lado esquerdo. Adler também destaca essa coincidência, naturalmente sem reconhecer seu significado para o esclarecimento da pura surdez verbal. Eu, no entanto, considero ser legítimo supor que a afasia sensorial subcortical não surge devido a uma simples interrupção da via condutora, como deveria ser segundo o esquema de Lichtheim, mas devido a lesões incompletas bilaterais no campo auditivo, talvez sob a influência de distúrbios auditivos periféricos (como em Arnaud), e acredito que essa complicação das precondições para o quadro aparentemente tão simples do distúrbio da linguagem está mais de acordo com minha concepção da afasia sensorial do que com a de Lichtheim.

57. Dejerine, "Contribution à l'étude de l'aphasie motrice sous-corticale et de la localisation cérébrale des centres laryngés (muscles phonateurs)", *Compt. Rend. de la Soc. de Biologie* 8, 1891.

58. Op.cit.

59. Stuart Mill, *Logik*, I, cap.III; e *An examination of Sir William Hamilton's philosophy*.

60. Segundo Spamer, "Ueber Aphasie und Asymbolie, nebst Versuch einer Theorie der Sprachbildung", além de "Versuch einer Theorie der Sprachbildung", *Archiv f. Psych.* VI, 1876.

61. Farges, "Aphasie chez une tactile", *L'Encéphale* 5, 1885.

62. C.S. Freund, "Ueber optische Aphasie und Seelenblindheit", *Arch. f. Psych.* XX, 1889.

63. Pick, "Zur Localisation einseitiger Gehörshallucinationen nebst Bemerkungen über transitorische Worttaubheit", *Jahrb. f. Psych.*, VIII, 1889; e op.cit., *Arch. f. Psych.* XXII, 1891.

64. Skwortzoff, *De la cécité et de la surdité des mots dans l'aphasie*, Paris, 1881.

65. Ballet, *Le langage intérieur et les diverses formes de l'aphasie*, Paris, 1886.

66. Provavelmente não deixa de ser relevante o fato de a alexia pura (segundo Wernicke, subcortical) ser tão frequentemente encontrada em casos de lesão da borda parietal da primeira circunvolução (giro angular e supramarginal). Lembremos que a lesão do lobo temporal inferior desencadeia um desvio lateral constante dos dois olhos, aquele tipo de movimento ocular que é associado às imagens visuais das letras durante a leitura.

67. Siemerling ("Ein Fall von sogenannter Seelenblindheit nebst anderweitigen cerebralen Symptomen", *Archiv f. Psych.* XXI, 1890) demonstrou "que é possível se gerar experimentalmente um estado semelhante à cegueira psíquica simplesmente pela redução do foco visual e pela monocromacia". No entanto, o que é gerado experimentalmente não é de todo idêntico ao quadro clínico da agnosia óptica. A isso se acrescenta o fato de que o doente, devido à sua percepção difusa, se ilusiona, enquanto o saudável simplesmente se sente indeciso. Da mesma forma, os afásicos com alexia ou surdez verbal também se ilusionam. Um doente de Ross (op.cit.) podia ler o jornal por horas sem compreendê-lo; depois ele se admirava com quanta bobagem as pessoas escreviam agora nos jornais. As pessoas que sofrem de surdez verbal costumam responder, pois acreditam ter compreendido uma pergunta.

68. Citado em Bastian, "On the various forms etc.", 1869.

69. Cf. a repeito Broadbent, "A case of peculiar affection of speech with commentary", *Brain* I, 1878-1879, p.494.

70. Arnaud, "Contribution à l'étude clinique de la surdité verbale", *Arch. de Neurol.*, mar 1877.

71. Poder-se-ia objetar que esse caso realmente existe, já que essa alexia quase sempre é encontrada junto com uma hemianopsia do lado di-

reito. A letra seria compreendida com o hemisfério esquerdo como objeto para a linguagem, e com o direito como objeto visual comum. No entanto, se fosse assim toda hemianopsia deveria se complicar com alexia, o que não é o caso.

72. Creio que algumas peculiaridades fisiológicas e individuais da memória explicam-se a partir do papel variável de cada um dos elementos mnêmicos. Nós podemos ter uma memória muito boa e mesmo assim não conseguirmos memorizar nomes próprios e números. Pessoas que se destacam por terem uma memória excepcional para nomes e números são visuais, ou seja, elas lembram-se das coisas preferencialmente em imagens de objetos, mesmo que pensem em imagens sonoras.

73. Berlin, *Eine besondere Art der Wortblindheit (Dyslexie)*, 1887.

74. Há um outro caso como esse citado por Bernard (op.cit.), p.125.

75. Charcot, *Neue Vorlesungen etc.*, op.cit. Além disso, os trabalhos de seus discípulos Ballet, Bernard e Marie.

76. Stricker, *Studien über die Sprachvorstellungen*, 1880.

Luiz Alfredo Garcia-Rosa

Sobre as afasias (1891) (p.121-65)

1. Ver, neste volume, p.18.

2. Ver, neste volume, p.28.

3. Ver, neste volume, p.33.

4. Cf. K. Levin, *Freud: A primeira psicologia das neuroses*, Rio de Janeiro, Zahar, 1980, p.78.

5. Ver, neste volume, p.46-7.

6. Cf. J. Nassif, *Freud l'inconscient*, Paris, Galilée, 1977, p.266.

7. Ibid., p.266 n.2.

8. Cf. ibid., p.265.

9. A. Verdiglione, "Matemática do inconsciente", introdução à tradução italiana do texto de Freud sobre as afasias, Veneza, Marsilio Editori, 1977.

10. Ver, neste volume, p.45.

11. Cf. J. Nassif, op.cit., p.301.

12. Ver, neste volume, p.70-1.

13. Ver, neste volume, p.73. O grifo é meu.

14. Ver, neste volume, p.69.

15. Cf. J. Nassif, op.cit., p.313.

16. Ver, neste volume, p.72.

17. Ver, neste volume, p.63.

18. Cf. J. Nassif, op.cit., p.318.

19. *Brain*, I, 1878-79, p.306 (citado por Freud; cf. neste volume p.172, n.51).

20. J. Nassif, op.cit., p.320.

21. Ver, neste volume, p.80. O grifo é meu.

22. Ver, neste volume, p.85.

23. J. Nassif, op.cit., p.338.

24. Idem.

25. J. Lacan, *O seminário*, Livro 11, Rio de Janeiro, Zahar, 1985, p.202-3.

26. J. Lacan, *O seminário*, Livro 1, Rio de Janeiro, Zahar, 1986, p.11.

27. J. Nassif, op.cit., p.339.

28. Ver, neste volume, p.90.

29. Cf. J. Nassif, op.cit., p.346.

30. Cf. ibid., p.347.

31. Ver, neste volume, p.78.

32. J. Nassif, op.cit., p.347-8.

33. Ibid., p.348-9.

34. Ver, neste volume, p.95.

35. Cf. J. Nassif, op.cit., p.374.

36. Idem.

37. Cf. J. Nassif, op.cit., p.376.

38. Ver, neste volume, p.95-6.

39. J. Stuart Mill, *Sistema de lógica inductiva y deductiva*, Madri, Jorro, 1917, vol.II, livro VI, cap.4, 3.

40. Idem.

41. J. Nassif, op.cit., p.377.

42. Ver, neste volume, p.72.

43. F. Brentano, *Psychologie du point de vue empirique*, Paris, Aubier, 1944, p.102.

44. Ibid., "Des objets vrais et des objets fictifs".

45. Ver, neste volume, p.96.

46. Cf. J. Nassif, op.cit., p.384.

47. Ibid., p.386 e 393.

48. Ibid., p.419.

49. Ver, neste volume, p.37.

50. Ver, neste volume, p.78.

51. Cf. J. Nassif, op.cit., p.423 e 434.

52. S. Freud, *AE*, vol.1, p.58; *ESB*, vol.1, p.78. O grifo é meu.

53. J. Nassif, op.cit., p.262.

Sugestões de leitura

Forrester, John. *A linguagem e as origens da psicanálise*. Rio de Janeiro, Imago, 1983.

Gabbi Jr., Osmyr Faria. "Sobre a concepção da afasia e da histeria: notas sobre a relação entre anatomia e linguagem nos primórdios da teoria freudiana", in *Discurso: revista do Depto. de Filosofia da USP* 18, São Paulo, 1990.

Gamwell, Lynn e Mark Solms. *Da neurologia à psicanálise: Desenhos neurológicos e diagramas da mente por Sigmund Freud*. São Paulo, Iluminuras, 2008.

Lantéri-Laura, Georges. "Afasia", in Mijolla, Alain de (org.). *Dicionário internacional de psicanálise*. Rio de Janeiro, Imago, 2005.

Leuschner, Wolfgang. "Postface", in Freud, Sigmund. *Pour concevoir les aphasies: Une étude critique*. Paris, Epel, 2010.

Nassif, Jacques. *Freud, l'inconscient*. Paris, Galilée, 1977; Flammarion, 1992.

Scherrer, Ferdinand. "S. Freud est-il l'auteur de l'article *Aphasie* (1888)? Remarques et réflexions à propos de la contribution de Freud au dictionnaire médical de *Villaret*, 1888-1891", *Essaim* n.9, "Questions de style". Ramonville Saint-Agne, Érès, 2002.

Van de Vijver, Gertrudis e Filip Geerardyn (orgs.). *Les écrits pré-analytiques de Freud (1877-1900): Programme, arguments et bibliographie*. Gent, Universiteit Gent, 1995.

Vogel, Paul. "Avertissement éditorial", in Freud, Sigmund. *Pour concevoir les aphasies: Une étude critique*. Paris, Epel, 2010.

A marca FSC é a garantia de que a madeira utilizada na fabricação do papel deste livro provém de florestas de origem controlada e que foram gerenciadas de maneira ambientalmente correta, socialmente justa e economicamente viável.

Este livro foi composto por Mari Taboada em Dante Pro 11,5/16 e impresso em papel offwhite 70g/m² e cartão triplex 250g/m² por Geográfica Editora em agosto de 2014.

A marca FSC é a garantia de que a madeira utilizada na fabricação
do papel deste livro provém de florestas de origem controlada
e que foram gerenciadas de maneira ambientalmente correta,
socialmente justa e economicamente viável.

Este livro foi composto por Mari Taboada em Dante Pro 11,5 / 16
e impresso em papel offwhite 70g/m² e cartão triplex 250g/m²
por Geográfica Editora em agosto de 2014.